Business Economics

# 新 ビジネス・エコノミクス

藤江 昌嗣

学文社

## まえがき

　本書『新　ビジネス・エコノミクス』は近代経済学のテキストであるが，経営学を学ぶ学生を意識して作成した。『ビジネス・エコノミクス』（梓出版社，2006年）の改訂新版である。
　本書は，以下のような8つの章で成り立っている。

　　第1章　資源とは何か
　　第2章　市場機構と市場主義
　　第3章　経済理論とモデル，企業と市場
　　第4章　市場主義と市場批判
　　第5章　消費者行動と消費需要
　　第6章　企業の生産・供給行動と費用
　　第7章　供給行動と余剰
　　第8章　日本でのものづくりの可能性

　こうした構成は，通常のミクロ経済学のテキストの構成とはやや異なっている。とくに，資源の章を起こしたことや市場機構，市場の資源配分機能，市場主義への懐疑等についてやや詳しく説明を行ったことが特徴である。いわゆる「成熟化」し，グローバル化の中で，付加価値を生み出していく日本，日本企業を考える場合，長期的な視点や市場機構そのものを客観的に評価する視点が必要となると考えるからである。いうまでもなく，マクロ経済学的視点，現実の世界経済の動き―各国の政策，EUなどの地域統合体やTPPなどの経済協定，企業の戦略・戦術，労働分配や失業率・格差問題―に目を配ることも疎かにはできない。この文脈で，最終章では，日本でのものづくりの意味と可能性について取り扱った。

i

さて、ミクロ経済学の課題は、「希少な資源の効率的な配分」とされている。ここに資源とは生産に必要なエネルギーや原材料という意味での資源、そして、労働力、資本（資金）を指している。しかし、近年では、資源の指す対象はより広範なものとなってきており、地域資源や文化資源という言葉もよく使われるようになってきている。

しかし、資源とは何か？　という問いはあまり発せられていない。人間を資源としてみることについても見解は分かれるところであるが、環境問題、エネルギー問題、食糧問題、水問題等々、それらを欲する需要者に対し、供給が不足するという意味での「希少性」を帯びる資源は増大するばかりである。

そこで、第1章では、近代経済学の課題の中核であり、対象であるこの資源そのものについて改めて考えてみることにした。私たちの生活の場や労働の場の活動は「市場」あるいは「民」の活動として行われている。資源の希少性を考えること自体が経済学的思考を鍛えることになっているともいえるのかもしれない。

また、経済学における土地、資本、労働に加えられる4つめの資源として、しばしば「情報」が持ち出されるが、そうとは単純にはいえないし、そもそもアルフレッド・マーシャルが加えたのは産業組織であった。

本書では、4つめの資源としてアントレプレナーシップを挙げた。アントレプレナーシップとは、財やサービスの生産のために他の資源の充用について決定するとともに投資などの長期的決定を行う特別な人的能力であるが、これを積極的に位置づけてみた。価格や生産量あるいは稼働率などの短期的決定のみならず、長期的な投資決定を行う経営者は、経営資源として希少性をもつのであり、現実の企業を訪問し、インタビューを重ねると、経営者のありようこそ企業のありようを決定する重要な要素であることが確信できる。こうした現実を考慮したうえで、改めて「希少な資源」の「効率的配分」について考える必要がある。

このように考えていくと、その先に、現実に生じている課題や現実の動きが存在していることがわかる。すなわち、ミクロ経済学は消費者や企業という経

済主体の行動を分析することを通じて，私たちに上記の重要で基本的な問題について考える機会を提供してくれるのである。具体的な現場に近い思考のツールとしてのビジネス・エコノミクスとはそういうものかもしれない。本書で取り扱った問題について，読者が考えるきっかけの一つとなればと願う次第である。

2016年夏初月
戦後70年を経て，経済学が人間を含む生命の再生産の役に立つことを深く願いつつ。

藤江　昌嗣

# 目　次

まえがき　i

## 第1章　資源とは何か―――――――――――――――――――1
1. 経済活動における生産要素・資源　1
2. 「資源」・「エネルギー論」小論　3
   1. 西川潤の資源論　3／2. ボトルネックからみた資源論　4／
   3. 植田和弘のエネルギー「ベストミックス論」　6／
   4. 人を"資源"と呼んでいいのか　8
3. 宇沢弘文の社会的共通資本の理論と資源論　9
4. 情報とビッグデータ―竹内啓と後藤田正晴　12
   1. ビッグデータとは何か？　13／2. 竹内啓のビッグデータ観　14／
   3. 後藤田正晴の情報に基づく判断と実行力　16／4. 小活　17

## 第2章　市場機構と市場主義―――――――――――――――――19
1. 市場機構とは何か？　19
2. 企業と市場―内部市場と外部市場　20
3. 資源配分の手段としての市場　21
4. 市場構造，市場行動，市場成果とその決定因　24
   1. 公共政策　24／2. 市場構造　25／3. 市場行動　29／
   4. 市場成果　31／5. 小活　31
5. 産業育成・参入・退出・再生　32
   1. 産業育成保護策―自動車産業を例に　32／2. 競争政策と産業支援（公的再生支援）の在り方―繊維産業とシャープ液晶事業　34

## 第3章　経済理論とモデル，企業と市場―――――――――――――42
1. ミクロ経済学のキー概念　43
   1. 理論とモデル　43／2. 実証的研究と規範的研究の区別と統合　45／
   3. 外生変数と内生変数　46／4. Ceteris paribus　46

2　個人や企業の意思決定　47

　　1．個人の決定　47／2．企業の決定　47

　3　企業の資源配分機能と取引費用―企業 VS 市場　50

　　1．企業の決定―再考　50／2．効率的市場（the efficient market）の仮定再考　53／3．経済の調整を行うのは企業か，市場か？―「取引費用」概念の意義　55

## 第4章　市場主義と市場批判―――――――――――――――――58

　1　市場主義とは何か　59

　2　市場原理への批判的アプローチ　64

　　1．歴史的視点から見る　64／2．市場制度を対象にその前提への疑問を提示するもの　69／3．システム間の関係性から見る立場　73

　3　市場主義と地域　76

　　1．地域という資源と「地方消滅」　76／2．内橋克人の共生による新しい経済の始まり　78／3．小田切徳美の「農山村非消滅論」　79

## 第5章　消費者行動と消費需要―――――――――――――――――82

　1　人間の行動と消費者（家計）行動　83

　2　消費行動と「効用」と「無差別曲線」　87

　3　消費需要　92

　　1．2つの需要　92／2．需要に影響を与える要因　92／3．需要の価格弾力性　95／4．需要と総収入　97

　4　需要の所得弾力性と正常財（上級財）・劣等財（下級財）　99

　　1．需要の所得弾力性，エンゲル曲線と財の分類　100／2．経済発展と財の分類の変化　101

　5　代替効果と所得効果　103

　　1．予算制約式　104／2．所得消費曲線　105／3．価格消費曲線　106／4．代替効果と所得効果　106

## 第6章　企業の生産・供給行動と費用 ――――――――――――――115

- 1 企業の生産過程　115
- 2 生産関数　117
  - 1. すべての投入要素と産出量の関係が一定のケース　117／
  - 2. 資本投入量Kと労働投入量Lの関係が変化するケース　118
- 3 費用関数　120
- 4 短期の生産と費用　121
  - 1. 短期と長期　121／2. 短期の固定費用，可変費用，総費用　123／
  - 3. 利潤と損益分岐点・操業停止点　129／4. 利潤の最大化　133／
  - 5. 長期費用　135

## 第7章　供給行動と余剰 ――――――――――――――――――139

- 1 供給行動と供給曲線　140
- 2 供給の価格弾力性　142
- 3 均衡価格と均衡取引量　144
- 4 生産者余剰・消費者余剰　145

## 第8章　日本でのものづくりの可能性―技術効率性と経済効率性 ――147

- 1 技術効率性と経済効率性　147
  - 1. 技術効率性　147／2. 経済効率性　148
- 2 ケース・スタディによる技術・経済効率性の優劣の検証　148
  - 1. TVの生産　148／2. TV生産の3つの方法：高労働コストの場合　153／
  - 3. TV生産の3つの方法：高資本コストの場合　154
- 3 日本でのものづくりの可能性とその生産方法　156
- 4 ものづくりの可能性をみる視点―フォードシステムとコンベアライン　159

あとがき　163
索　引　167

# 第1章
# 資源とは何か

## 1　経済活動における生産要素・資源

　経済活動では，その生産要素 (factors of production) あるいは資源 (resources of production) として「労働」「土地」と「資本」の3つが考えられてきたが，いわゆる情報化社会の到来につれ，4つめの生産要素 (資源) として「情報」を加えることがしばしば行われてきている。

　実は，経済学における資源として，労働，土地，資本の3つに4つめの資源を加えたのはアルフレッド・マーシャル (Alfred Marshall) であった。しかし，マーシャルが第四の生産要素として加えたのは「情報」ではなく「産業組織」であった。そして，マーシャルがその重要性を強調した産業組織は，以下の4つのものから構成されている。すなわち，産業組織は，① 企業の組織，② 市場の組織，③ 産業構造，④ 政府の組織，の4つにより成り立っている。① 企業の組織は，企業・事業所の形態（企業形態論；企業制度のあり方を問うもの），企業内部の管理（財務管理，事業部制や労務管理等）に係わるものである。また，② 市場の組織には，競争，独占，寡占など同一産業内の競争関係の違いや「市場の構造」が含まれる。また，③ 産業構造には，いわゆる，産業分類（大分類としては，第一次，第二次，第三次産業があるが，中分類，小分類，細分レベルまである）に基づく国民所得ベースの産業構造や就業構造，貿易構造などがある。また，④ 政府の組織とは，三権分立に基づく行政府に包含される組織である[1]。

こうした4つめの生産要素である産業組織は，土地，労働，資本のような有形な「モノ」ではなく，「人間が頭で考えて創造した知識ないし情報」の結果であり，マーシャルは，生産物や国民所得の生産におけるモノの役割とは別の知識，ノウ・ハウの役割に着目したことになる。こうした知識，ノウ・ハウへの注目が，情報化社会の登場により，モノとは区別される「情報」へと転じていったのである。

　しかし，「情報」とは境界のない定義が難しい概念である。土地，労働，資本についての情報も存在し，これらと情報は一体化し，区別が難しいものである。産業組織の定義である「人間が頭で考えて創造した知識ないし情報」であれば，ここにもすでに「情報」が組み込まれている。

　また，情報そのものではなく，情報の収集・分析を含む処理システムを考えれば，これらも3つめの資本に組み込むことが可能になる。したがって，情報を4つめの生産要素として位置づける根拠がなくなるといえよう。たとえば，資本という財（有形財である物や無形財であるサービス）をつくるために必要なものは，エネルギーや物質的な素材さらにはノウ・ハウないし知識などであり，これらには，人間が認識し判断し，付与した情報が必ず備わっているのである。

　むしろ，産業組織を，市場機構の一部として位置づけ，生産要素もしくは資源としての位置づけを行わないという選択もありうるのである。

　そこで，本書では4つの主要生産資源を，労働，土地，資本そしてアントレプレナーシップ（企業家資質）とする。労働はそのスキルや知識を斟酌した労働時間，土地（また自然資源）は農地や森林工場や事業用のための土地，漁業のための水域，鉄や他の鉱物の埋蔵物の鉱床である。また，資本は機械，設備や建物であり，土地や自然資源とともに労働により，財やサービスの生産を可能にする。そして，4つめの資源であるアントレプレナーシップは，財やサービスの生産のために他の資源を充用する特別な人的能力である。

---

1) 新野幸次郎元神戸大学学長1987（昭和62）年度卒業証書授与式式辞より

このアントレプレナーシップは，産業組織の中の企業組織の構築と運営にも係わるものであり，後述する市場行動とその成果に係わることになる。また，市場の組織や政府組織は市場構造の構築に係わる公共政策として統合することが可能となる。

　しかしながら，資源について考えるうえでは，経済学の目的がロビンズ (L. C. Robbins) の語るように「希少な資源の効率的配分」ということであれば，「希少な資源」の内容についてまずは少し考えておくことが必要となる。

　さらに，物をつくるために必要なものがエネルギーと物質的な素材とノウ・ハウないし知識とすれば，ここでも資源についてもう少し深く考察する必要性がある。

　今日，生命の再生産という広い視点を踏まえ，人間の再生産という視点からサスティナビリティ（持続性）という課題がこれまでにも増して重要なものとなってきている。21世紀に入る頃に，「20世紀が科学の発展と戦争の時代であったとすれば，21世紀はどのような時代か？」という問いが平和への強い期待と不安をともなって提起されたが，2016年に入った時点でも，戦争・紛争と貧困・格差という課題は解決されておらず，21世紀に引き続き存在し，かえって20世紀を超えて広範に存在してきている。

　そこで，以下では，西川潤による資源の分類を見たうえで，希少性という点から経済活動における資源を相対的に確認し，次いで，社会的共通資本や総合的な社会システム論の立場からエネルギー，地域，社会，人口，そして情報という順にいま少し，そして深く考えていくことにしよう。

## 2 「資源」・「エネルギー論」小論

### 1. 西川 潤の資源論

　開発経済学者である西川潤は，資源を大別し，2つの種類があるとしている。すなわち，ひとつは，人間の欲求を満たすために，加工あるいは未加工状態で消費される生物（鳥や獣，昆虫，爬虫類，魚介類など）および無生物（土地，鉱

物，森林，水など）の天然資源である。2つめは，これらの生産資源を組織し，潜在的資源を顕在化する人的資源（労働力，技能，熟練，労働者の士気）および文化的資源（科学技術，生産制度，組織）であるとしている。西川は，さらに広義には，気候・地理などの非消費的潜在資源を含む場合もあるとしているが，その著書では，対象をその定義する「天然資源」に限定している。

■「資源」とは何か■

西川　潤『新・世界経済入門』岩波書店，2015年より

　世界人口の急増と新興国の経済成長につれて，「資源枯渇」「資源争い」の問題がクローズアップされてきた。すでに，1972年，第一次オイルショックの直前に，財界人たちが組織するローマ・クラブは有名な報告書『成長の限界』を発表して，経済成長が資源という「限界」に直面して，ストップするだろうことに警告を発した。
　経済成長は，確かに諸資源の利用の上に成り立つ。しかし，成長と資源の関係は，けっして単純なものではない。この問題を考えるためには，まず，「資源」とは何か，を定義しておく必要がある。資源とは，人間が経済活動に利用する諸資源を指すが，資源には枯渇性資源と非枯渇性資源がある。
……（中略）
　枯渇性資源とは，ある一定期間内に一低品位の埋蔵量，賦存量をもつ資源が，開発とともに，非可逆的に減少・枯渇していく場合を指し，鉱物資源はこの範疇に属する。
　非枯渇性資源とは，一定期間内に再生可能な資源であり，森林，水，動植物の多くは，この分類に入る。もっとも，今日の資源問題は，枯渇性資源と同様に，非枯渇性資源について深刻なのだが……
（西川　2015：163-164）

## 2．ボトルネックからみた資源論
――経済産業政策上の中長期的・構造的な論点（産業構造審議会）

　世界のエネルギー構造が変化する中で，資源・エネルギーの安定供給を如何

に確保するのかというテーマは，資源について考える場合，とりわけ重要な意味をもつ。資源は市民生活や企業活動等のベースとなる重要な役割でもあり，生産物の原料といった意味合いにとどまらない異なる価値の次元をもっているからである。

経済産業省の産業構造審議会では，今後の経済産業政策を検討するに当たり，世界経済，産業構造・企業競争，国内社会の中長期的・構造的な変化を捉えていく必要があるとした上で，具体的に重要なものとして示されているのが，以下の各論点である。

すなわち，人口増加，高齢化，都市人口増大といったメガトレンドのもと，世界経済の重心が変化し，市場の質も変化していく中で，エネルギー，水，食料，鉱物資源，環境制約といったボトルネックが顕在化していく可能性を指摘する一方で，そのボトルネック解消への取組みが，同時に新しい需要の開拓につながる可能性を指摘している。

――■ ボトルネックと資源 ■――

『経済産業政策を検討する上での中長期的・構造的な論点』（産業構造審議会 2014）[2] より

今後の経済産業政策を検討するに当たり，世界経済，産業構造・企業競争，国内社会の中長期的・構造的な変化を捉えていく必要がある。例えば，具体的には以下の各論点が重要ではないか。
Ⅰ 世界経済の"重心"の変化と我が国の立ち位置
◇世界経済の"重心"の変化

---

[2] 産業構造審議会『経済産業政策を検討する上での中長期的・構造的な論点』（2014）ではその他，国際的ルールに関し以下のような点について触れている。
　今後，環境保護，資源節約，安全性の確保の他，労働者保護や人権問題などへの対応が各国で進む中，市場獲得と世界的な課題解決の両立に向けた「ルール競争」が加速していく。これに対し，わが国はどのような官民の役割分担の下で，どのように対応していくのかという点である。

◇ "市場の質"の変化 ⇒ 今後,新興国の一人当たりGDPも成長する中で,消費の質も変化していく可能性。伸びゆく市場で,成熟する消費を捉えていくことが必要。

◇ ボトルネックの顕在化 ⇒ 人口増加,高齢化,都市人口増大といったメガトレンドの中で,エネルギー,水,食料,鉱物資源,環境制約といったボトルネックが顕在化していく可能性。同時に,これらの課題解決が新しい需要の開拓につながる可能性。

◇ 課題解決による需要創造の可能性

◇ 資源・エネルギーを巡る環境変化

◆世界の多極化や,新興国の成長に伴う様々なリスクの可能性を踏まえ,どのように経済産業政策を構想・推進していくべきか。◆新興国市場の成熟や,顕在化するボトルネックを,どのようにチャンスへと転換していくか。◆世界のエネルギー構造が変化する中で,資源・エネルギーの安定供給を如何に確保するか。

## 3. 植田和弘のエネルギー「ベストミックス論」

　2011年3月11日の東日本大震災と東京電力福島第一原子力発電所のメルトダウンは,わが国のエネルギー問題—とりわけ,安全性の神話の崩壊と事故後の対応力の弱さの露呈,さらには,トータルで見た高い経済コスト—を改めて認識させた。

　経済コストという視点からエネルギー問題を考えることは大切である。しかし,原発事故後のエネルギー問題は福島が震災後5年経た時点でも現状回復できていないことが物語るように原発事故により不可逆的な事態が生じることを大前提に考えなければないことを私たちに知らしめたのである。

　また,復旧コスト自体で考えを閉じることが余りに狭隘であるとともにそもそも復旧技術と同様,計算できない,いや計算不能というべき事実を暴露したのである。

　とすれば,その後の議論の枠組みのひとつとして語られている「ベストミッ

クス論」はエネルギー問題の本質をついているのかという問いかけが重要となる。

　この点を明確にしているのが，京都大の植田和弘である。植田は，エネルギーに関して本質的問題とは，「電気やエネルギーがどういう仕組みでつくられるのかという問題」であるとしている。発電量とそのコストだけではなく，どのようにつくられた電気であるのかが問題であるとしているのである。周知のように，原子力発電は「停止」―スイッチをオフにするだけでは原発は停止しない―することに時間がかかるという意味で制御（コントロール）が難しく，事故等の発生後への対策においても未解決の重大な技術的課題を抱えていることを忘れてはならない。現状回復が難しく，廃炉もまた困難であるというのが福島原発事故が私たちに発信した強いメッセージなのである。

■ 植田和弘と「ドイツのアーヘンモデル」■

　植田和弘は自らのエネルギー問題の関心のきっかけが「ドイツのアーヘンモデル」との出会いにあったことを語っている。

　私がエネルギー問題に関心を持つきっかけになったのが，アーヘンモデルです。<u>アーヘンはドイツにある都市ですが，実は固定価格買取制度の発祥の地</u>です。
　1995年頃，これはドイツの退役軍人の人が発案したと言われているものです。でも，アーヘンモデルはもう少し別の意味があると私は思います。
　ドイツは御存じのように都市経営の伝統があり，交通とか，エネルギーもかなり都市レベルで経営する。アーヘンでは，電源をクリーンにする，要するに太陽光にしてつくった電気を送ってくれ，こういう要求が出たのです。しかも，<u>電気代は高くなってもよいから，電源を選択したい</u>ということです。
　<u>電源の選択権を要求した</u>ということが重要で，このことは現在ではヨーロッパの国々でかなり実現しています。(下線部，引用者)

　電源の選択権こそ，「ベストミックス」の大前提となるのである。これは，供給者が決めることではなく，ユーザー・利用者の選択の問題なのであり，その

第1章　資源とは何か　7

選択の際に安いことだけで判断してはならないことをユーザー・利用者に示している重要な指摘である。なぜ重要なのか，それは地球や私のたちの社会を持続するための環境づくりについて真摯に考えることを深く期待しているからである。食品や日常の身の回りの品のみの安全性や安心を考える視野の狭さを指摘しているのである。

　植田は語り続ける。

> 　電気はもちろん送ってもらわなくてはいけないのですが，その電気も，電気をつくり出す背後にいろいろあって，どんなふうにしてつくった電気なのかということが問題です。
> 　これは，グローバル時代の今，いろいろな領域で大事になっている問題とも関連があります。どういうところで，どういうふうにつくられた産物なのか，要するにサプライチェーンがどうなっているかということを理解した上で，購入を決めるという，グリーンコンシューマーと言ったりしますけれども，そういう発想とつながっているものだと思います。
> 　そういうことで，同じ電気でも，環境に悪くないようなとか，廃棄物が出ないようにとか，そういうことも考えて，電源を選びましょうということです。
> 　先ほども橘川先生がベストミックスとおっしゃって，これは大事な問題なのですけれども，エネルギーや電源のベストミックスというのは，私に言わせれば，電力，エネルギーシステムの再設計に伴って，その結果として出てくるものです。電気やエネルギーがどういう仕組みでつくられるのかという問題が，やはりエネルギーに関しては本質的ではないかと思います。電力事業の経営形態の問題まで考えた上で，その選択によって実は結果が出てきて，それがベストミックスということになると思っている次第です。
> 　　　　　　　　　　　　　　　　　　　　（橘川・植田他 2012：64-65）

## 4．人を"資源"と呼んでいいのか

　これまで，人間を「資源」として扱ってきたのは，労働力としての側面に注目してきたからである。人間の労働力以外の文化創造などの多面的な能力を考えるとこうした扱いは一面的なものと思われる。こうした一面性とともに，人を資源と見ることが労働力以外の力の発揮を求める為政者や経営者，組織のリ

ーダー等の操作対象となることの危険性に警鐘を鳴らす議論を知っておくことは大切である[3]。

文化資源については，たとえば，舘 暲(たち すすむ)は，美術品，工芸品，書，書籍などはもちろんのこと，製品も一種の文化資源と考え，歌舞音曲，伝統芸能，年中行事，祭り，遊び，武術・武道，スポーツ，技能，技術などは動きをともなう文化資源とする。また，建築，街，都市，景観，風景，食，衣，言葉，方言，生活様式，慣習，風習，さらに，動植物，生態系といったものも公開と活用の対象になりうるとしている（舘 2004）。

吉田敏浩は人を使い捨てにする言葉として人間を「資源」と呼ぶことに反対している。人を資源と呼ぶことの始まりは，吉田によれば，国家総動員法が始まりである（吉田 2010）。

## 3 宇沢弘文の社会的共通資本の理論と資源論

資源を考える視点は多様である。これまで見てきた資源の分類や資源の中で確認できたように，「電力」という私たちの生活や企業活動に不可欠な動力資源は有形財やサービスの原材料という意味での「生産資源」とは質的に異なり，私たちの生活や生産活動等のベースとなるインフラストラクチュアのひとつという位置づけが相応しいものである。

そこで，本節では，インフラストラクチュアにかかわるミクロ経済学にとり重要な考えを取り上げてみることとする。ひとつは宇沢弘文の社会的共通資本論であり，今ひとつは神野直彦の経済・社会・政治システムからなるトータル

---

[3] 文化資源という言葉もあり，それは幅広く定義可能なものである。
　文化資源学会は，文化資源を「ある時代の社会と文化を知るための手がかりとなる貴重な資料の総体」とし，「文化資料体」と呼んでいる。そして，この文化資料体には，博物館や資料庫に収めきれない建物や都市の景観，あるいは伝統的な芸能や祭礼など，有形無形のものが含まれ学会としては，埋もれた膨大な資料の蓄積を，現在および将来の社会で活用できるように再生・加工させ，新たな文化を育む土壌として資料を資源化し活用可能にすることを目指している。

システムとしての社会システム論である。神野の社会システム論については次章で説明を行うので、ここでは宇沢の社会的共通資本論について説明しておくことにする。

宇沢弘文はその著書『経済学の考え方』（岩波書店，1989年）で、社会的共通資本の理論を以下のように提示した。あるひとつの市場経済をとるとき、生産、消費という経済活動を営むために必要となってくるすべての希少資源——財と生産要素のストックを含めて——の理論は、私的資本と社会的共通資本に二分される。私的資本は、各経済主体が、それぞれ自らの負担で生産あるいは購入し、そこから年々生み出されるサービスを私的に享受するもので、土地、工場、機械設備など生産に使用される生産要素だけでなく、住宅、家具、自動車などの無形の資本も一般に私的資本の範疇に入るとしている。

これに対し、社会的共通資本は、私有が認められず、社会的に管理され、そこから生み出されるサービスが、市場機構を通じてではなく、社会的な基準にしたがって各構成員に供給、分配される。また、社会的共通資本は、その機能によって次の2つのカテゴリーに分類されるという。それは大気、河川、森林などの自然資本と、堤防、道路、港湾、公園、下水道、電力、鉄道などの社会資本との二種類である。

ここにも、資源についての考慮に値する新たな定義がなされているのがわかる。それは西川潤が整理した資源の体系と対立するものではなく、資源を自然的、人工的、制度的な環境としてとらえ直し、そのうえで、それが所有関係により二分されること、すなわち、私的資本と社会的共通資本として整理しうることを示したのである。

こうした社会的共通資本が、実は社会はもちろんのこと、「地域」という私たちの一番身近な単位に存在していることに気づくことも大切なことである。

---

■ **社会的共通資本の理論** ■

宇沢弘文『経済学の考え方』岩波書店，1989年より

私たちの行う経済活動・経済的行為は生産活動や消費活動を中心としているが，自ら購入した財があれば，それだけで生産活動や消費活動が行われるかといえば，必ずしもそうではない。生産活動や消費活動がフローとしての価値を生み出すとすれば，そのための資本（ストック）が必要となる。自動車が走るためには，道路や燃料（ガソリンや電気等）のスタンドが必要であり，船には港湾設備が必要となる。自動車の駐車のためには駐車場も必要になる。
　自らの使用のためだけにこうしたストックを私的に用意する場合もあれば，国や地方自治体が税金を使って公的に用意する場合もある。
　「社会的共通資本」概念を確認する目的はこうしたストックの認識と必要性にある。

　社会的共通資本という概念は，市場経済制度を内蔵している，より広範な社会における自然的，人工的，制度的な環境を経済学的にとらえて，市場経済に投影したものである。したがって，社会的共通資本は次のように定義されよう。ある一つの市場経済をとるとき，生産，消費という経済活動を営むために必要となってくるすべての希少資源——財と生産要素のストックを含めて——は，その所有関係によって，二つの類型に分類される。私的資本と社会的共通資本とである。
（宇沢 1989：246）

　また，宇沢は私的資本は生産要素としてだけでなく，生活に必要な「資源のストック」としても把握可能としている。

　私的資本は，各経済主体に分属され，それぞれのその主観的価値基準のもとで，自由に取り扱われ，また市場を通じて交換される。このとき，その所有形態はさまざまな形を取りうるが，各経済主体が自由にその使用，処分を決めることができるという意味で，支配することを可能とするものである。私的資本は，各経済主体が，それぞれ自らの負担で，生産あるいは購入したものであって，そこから年々生み出されるサービスを私的に享受するものである。土地，工場，機械設備など生産に使用される，いわゆる生産要素だけでなく，住宅，家具，自動車などの無形の資本も一般に私的資本の範疇に入れられる。ここで資本と

> いう言葉は，普通経済学で使われている意味ではなく，年々なんらかのサービスを生みだすような希少資源のストックという意味に使われている。フィッシャーの使った概念である。　　　　　　　（同上：246，下線部引用者，以下同様）
>
> 　これに対して，社会的共通資本を宇沢は下記のように整理している。
>
> 　社会的共通資本は，私有が認められず，社会的に管理され，そこから生み出されるサービスは，市場機構を通じてではなく，社会的な基準にしたがって各構成員に供給，分配されるものである。
> 　<u>社会的共通資本は，その機能によって次の二つのカテゴリーに分類される。大気，河川，森林などの自然資本と，堤防，道路，港湾，公園，下水道，電力，鉄道などの社会資本との二種類である。</u>しかし，この分類は必ずしも排他的ではなく，また包括的でもない。自然資本といっても，例えば，河川のように，堤防など治水のためにどれだけ社会資本が建設されてきたかによって，その有効性が左右されるものが多い。また，<u>司法，教育，医療，さらに市場そのものも，制度的資本として，社会的共通資本の一つのカテゴリーを形成していると考えた方がよい場合もある。</u>　　　　　　　　　　　　（同上：246-247）

## 4 　情報とビッグデータ─竹内啓と後藤田正晴

　「資源とは何か？」という最初の議論に戻ることになるが，すでにみたように，「情報化社会」の到来につれ，4つめの生産資源として「情報」を加えることがしばしば行われてきている。しかし，筆者はその立場をとらず，「情報」ではなく，「アントレプレナーシップ（企業家資質）」を4つめの生産要素として考えた。それは，情報とは土地，資本，労働のすべてにかかわるものであり，独立のものではなく，対象と切り離すことができないからである。むしろ，こうした情報を収集し，判断し，計画を立て実行する「アントレプレナーシップ（企業家資質）」こそ，希少な生産資源なのである。
　ここでは，情報についての議論でよく取り上げられているビッグデータの定

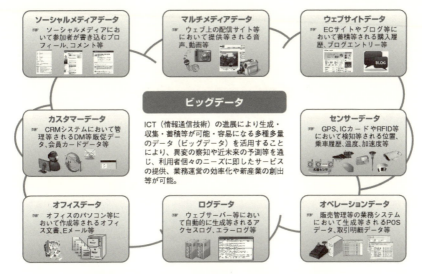

**図1.1　ビッグデータを構成する各種データ（例）**

（出典）情報通信審議会 ICT 基本戦略ボード「ビッグデータの活用に関するアドホックグループ」資料
（出所）総務省（2012）『情報通信白書（平成 24 年版）』p.154

義やビッグデータに関する竹内啓の考えを確認し，そのうえで，情報の重要性や判断する人の重要性―それはアントレプレナーシップに通ずるものである―についての過去の経験を，後藤田正晴を例に確認していくことにする。

## 1. ビッグデータとは何か？

　ビッグデータはどのように定義されるのであろうか？
　総務省の発行する『情報通信白書（平成 24 年版）』（以下，『白書』）でも引用されているが，鈴木良介はビッグデータを「事業に役立つ知見を導出するための，『高解像』『高頻度生成』『多様』なデータ」（鈴木 2014：14）[4]とし，『白書』は典型的なデータベースソフトウェアが把握し，蓄積し，運用し，分析できる能

---

　4）ビッグデータについては，McKinsey Global Institute "Big data: The next frontier for innovation, competition, and productivity"（2011 年 5 月）p.1 参照のこと。

力を超えたサイズのデータを指すとしている。

　また，この量的特徴だけではなく，質的特徴がビッグデータ現象を生みだしているとする。すなわち，「事業に役立つ有用な知見」は，「「個別に，即時に，多面的な検討を踏まえた付加価値提供を行いたい」というユーザー企業等のニーズを満たす知見」（鈴木 2011：21）であり，それを導出するために求められる特徴としては，「高解像（事象を構成する個々の要素に分解し，把握・対応することを可能とするデータ）」「高頻度（リアルタイムデータ等，取得・生成頻度の時間的な解像度が高いデータ）」「多様性（各種センサーからのデータ等，非構造なものも含む多種多様なデータ）」の3点があり，これらを満たすために，結果的に「多量」のデータが必要となるというわけである（図1.1参照）（鈴木 2014：21-23）。

　また，『白書』はデータ利用者を支援するサービスの提供者の観点からは，この「多量性」に加え，「多源性（複数のデータソースにも対応可能）」，「高速度（ストリーミング処理が低いレイテンシーで対応可能）」，「多種別（構造化データに加え，非構造化データにも対応可能）」（『白書』：154）が求められるとしている。

　ビッグデータの共通する特徴は，「多量性，多種性，リアルタイム性等」であり，「ICTの進展により，このような特徴を伴った形でデータが生成・収集・蓄積等されることが可能・容易になってきており，異変の察知や近未来の予測等を通じ，利用者個々のニーズに即したサービスの提供，業務運営の効率化や新産業の創出等が可能となる点に，ビッグデータの活用の意義がある。」（同上）

　それでは，「ビッグデータの出現」は，情報を4つめの資源として措定することに大きく寄与するのであろうか？　竹内啓や後藤田正晴のビッグデータや情報についての考えを確認したうえで，この点について判断することとしよう。

## 2．竹内　啓のビッグデータ観

　竹内啓（東京大学名誉教授）は，わが国を代表する統計学者であり，とりわけフィッシャー・ネイマン流の推測統計学の権威である。

　竹内は，ビッグデータ現象の出現に対し，以下のように語る。

「コンピュータの発達とともに発展した計算化学，情報科学は，統計学以外に数量的情報を処理する多くの方法を生み出したのである。ところが最近になって，ビッグデータが重視されるようになって，統計学がまたもてはやされるようになった。長年統計学の研究に関わってきた者としては喜ぶべきことかもしれないが，統計学をビッグデータを扱うための「道具箱」として，使い易い道具を適当に使えばよいと考えられるのはよくないと思う。」(竹内 2014：30)

竹内は適当な道具を適切に用いなければならず，その判断のためには大工としての「腕」が必要であるとする。「統計的方法を適切に用いるのには，統計的方法の性質をよく理解し，データ分析の目標に応じた方法を選び，その結果を正しく解釈しなければならない。その判断をコンピュータソフトに任せてしまうことはできない」(同上)。

そして，ビッグデータに統計的方法を適用するに当たっては，以下の4つの段階を経るべきとする。

1. データの吟味，2. モデルの選択，3. 手法の選択と適用，4. 結果の解釈と判断，である。

「二〇世紀の最終四半期になって，IT技術が発展し普及すると，規格化された大量消費の時代から，個性的な多種少量生産の時代となり，不良率を抑えることではなく，不良品を出さないことが目的とされるようになった。それとともに古典的な統計的推測の方法が必要とされる分野は少なくなった」(竹内 2014：29)。

竹内は20世紀の大量生産，大量消費，大衆社会のMASS論理の支配する時代に最もよく適合したフィッシャー・ネイマンの統計的推測理論はもはや，その役割を終えたとするのである。

また，ビッグデータは，確率論に基づく推測統計理論とは無関係であることを認識すべきであるとしている点にも注目するべきである。

では，ビッグデータ，いや正確にはビッグデータの処理は万能なのであろうか。竹内は「データの量が膨大であっても，必ずしもそこに特定の目的のための多くの情報量が含まれるとは限らない。ビッグデータの全体を一つの標本

と見なさなければならないこともある。」(竹内 2014：35) とし，ビッグデータの中には多くの煩雑物があるのであり，ビッグデータと現象とのかかわり方は多様なものであることも指摘する。

## 3．後藤田正晴の情報に基づく判断と実行力

　竹内の示した4つの段階のうち，第一段階の「データの吟味」と第4段階の「結果の解釈と判断」という点は，アントレプレナーにとり，その大切な資質を示す段階といえよう。この点で，企業家という点に留まらず，筆者がここで紹介しておきたい人物が，後藤田正晴である。第二次大戦後のわが国の行政官僚機構の継承という点で大きな役割を果たした戦略家でもある後藤田は，中曽根内閣の時に，内閣官房長官を務めたが，戦前は陸軍の主計官であった。その時の経験は，ごくごく限定されたいわばス・モ・ー・ル・デ・ー・タ・の時代のものであるが，ビ・ッ・グ・データ現象の中でも，竹内の主張と重なりをもつ価値あるものである。

　後藤田には，太平洋戦争末期のサイパン陥落後，自らの中に認識の変化が生まれたという。それは，「国家への素朴な問い」であり，その回答は，死よりも生に近づくには情報を正確につかんでおくことであり，戦時における運命論に陥らないためにはできるだけ多くの情報を集め，それを解析し「死の側に組み込まれる確率を少なくする」ということであった。「運命論者でありつづけるならば，いつか死の側に入ってしまうだろう。そこに近づかないための情報があるはずだ」(保阪 1998：96) というのである。

　ひとつエピソードを紹介しよう。

　敗色濃厚となりつつあった1945 (昭和20) 年3月，沖縄戦の開始前に，陸軍省 (東京) にて派遣軍の経理部長を集めて会議が開かれることになり，台湾に派遣されていた後藤田らは台北から福岡を経由して東京へ向かうことになった。しかし，サイパンも陥落し，制空権はアメリカが握っており，台北から福岡へ行く場合，航路によっては，撃墜される怖れがあった。そこで，後藤田は，司令部の情報文書「戦闘詳報」に目を通し，アメリカ軍の動向を把握し，死の側に組み込まれる確率を少なくするための航路を考えたのである。それは，司令

部の指定した沖縄上空を飛ぶコースではなく，中国沿岸部を飛び福岡へ向かうコースであった。司令部の指示とは異なるコースを選択し実行したのである。指示通りのコースを選んだ他の将校等は全員が死亡した。

後藤田は，この体験を自らの後半生の原点に据えたが，それは，予めの情報の解析，自らの考えの構築と主張そして実行という信念である。「判断が正しくても実行されなければ意味がない。判断力と実行力は両輪である。この両輪を回転させなければ，人は「運」さえ自分の側に引き寄せることはできない」（同上：98）という認識に至るのである。

後藤田には，まさに竹内のいうところの「データの吟味」と「結果の解釈と判断」に加え，「実行力」が備わっていたことがわかる。ここにはアントレプレナーと共通するものが感じられる。

## 4. 小括

情報とビッグデータという視点から，「ビッグデータの出現」事象が，はたして情報を4つめの資源として措定することに大きく寄与するものであるのかという点について改めて考えてみよう。

竹内啓はビッグデータは，確率論に基づく推測統計理論とは無関係であることを主張し，後藤田正晴は判断力と実行力を両輪とし，この両輪を回転させなければ，人は「運」さえ自分の側に引き寄せることはできないという認識に至った。

後藤田には，まさに竹内のいうところの「データの吟味」と「結果の解釈と判断」に加え，アントレプレナーと共通する「実行力」が備わっていたことがわかる。

情報そのものは資源とはならない。経済学の主体は，消費者であれ，経営者であれ，「データの吟味」，「結果の解釈と判断」そして「実行力」をもたなければならない。本章で見てきた資源論について図示すると図1.2のようになる。

労働，土地，資本に次ぐ4つめの資源として産業組織でもなく，情報でもなく，アントレプレナーシップ（企業家資質）こそ挙げるべきであると考える根拠

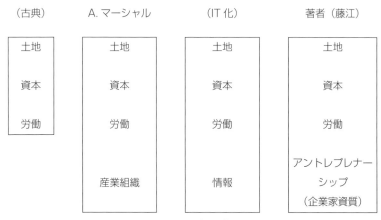

図 1.2 　資源論

について確認を行ってきたが，この作業で本章を閉じることとする．

**引用・参考文献**
橘川武郎・植田和弘・藤江昌嗣・佐々木聡編著（2012）『原発事故後の環境・エネルギー政策――弛まざる構想とイノベーション』冨山房インターナショナル
鈴木良介（2011）『ビッグデータビジネスの時代』翔泳社
竹内啓（2014）「ビッグデータと統計学」『現代思想・ポスト・ビッグデータと統計学の時代』Vol.42-9
舘暲（2004）「第 3 章　文化資源の公開と活用～人工現実感」文部科学省科学技術・学術審議会資源調査分科会『文化資源の保存，活用及び創造を支える科学技術の振興』（報告書）
西川潤（2015）『新・世界経済入門』岩波書店
保阪正康（1998）『後藤田正晴　異色官僚政治家の軌跡』文藝春秋
吉田敏浩（2010）『人を"資源"と呼んでいいのか―「人的資源」の発想の危うさ』現代書館

# 第2章
# 市場機構と市場主義

## 1 市場機構とは何か？

　市場（Markets）とは，買手（購入者）と売手（販売者）が買手のもつ貨幣と売手のもつ財やサービスを交換する「場（Place）」である。市場の成立については少なくとも2つの考え方がある。ひとつは，売手側が自分たちの必要以上に生産した財を販売するために市場にもってきたと考える立場あるいは「自給自足経済」から「余剰生産物の交換」への移行により生じたと考えるという立場である。この立場からは，初めから交換を目的とした生産は行われないことになる。これに対し，2つめの立場は，売手が当初から販売を目的として生産（狩猟・捕獲）を行い，それを自らの必要とする財と交換するために作られた場が市場であるというものである[1]。

　また，私的財産制度と社会的分業を前提とした資本主義社会の商品生産の「無政府性」を指摘したのは，マルクス（K. Marx）である。こうした「無政府性」をなくすために予め消費される財の量を把握し，計画的に生産を行う仕組みを作ることが考えられたが，これが旧ソビエトの「計画経済」体制——それを

---

1) 市場の成立については，たとえば網野善彦（1997）『日本社会の歴史〈上・中・下〉』岩波書店，同（1991）『日本の歴史をよみなおす』筑摩書房，カール・ポラニー著，吉沢英成・長尾史郎他訳（1975）『大転換—市場社会の形成と崩壊』東洋経済新報社，K. マルクス著，向坂逸郎訳（1969）『資本論』岩波書店，などを参照のこと。

支える「官僚体制」—につながっていった。しかしながら，今は，ソビエト式の計画経済は崩壊している。

　これに対し，「分権化された経済」として，市場経済は，有限な資源を効率的に配分する市場機構に基づき，経済主体の自由な決定と企業間の自由競争を特徴にそのメカニズムを発揮しているという主張があり，その考えは，現在も健在である。

　この分権の内容・役割についてより具体的に考えていくために，以下では，市場秩序を創り出す，公共政策（産業政策；その育成や再編，貿易政策や貿易ルール，また，競争政策，民営化等），市場構造（市場の独占度，参入・退出条件等），企業の市場行動（企業の目的やマーケティングミックス），そして市場成果（生産効率・分配効率・技術進歩等）という順に見ていくことにする。

　市場をこうしたカテゴリーに分けて考えることは何を意味するであろうか？それは市場経済が国により，歴史的時点により異なっていることを示唆している。また，市場経済システムの発展の歴史性は，各国の市場経済には，そこに登場する経済主体の相違を含め，独自性（アイデンティティ（Identity））があることを示すのであり，そのことは自国の市場経済の発展のために他国のシステム—公共政策（産業の育成や再編，また，競争政策等），市場構造—を自国に単純に移植することは困難をともなうものであり，必ずしも目的の達成につながらないことも示唆しているのである。

## 2　企業と市場—内部市場と外部市場

　ミクロ経済学は一般に「希少な資源の効率的配分を行う手法について考察する学問」として定義される（L. C. Robbins & B. Robbins 1932）。また，その研究対象として，経済主体である個々の家計（「個人（Individuals）」と考えることもできる）もしくは個々の消費者，個々の企業もしくは企業グループを取り上げる。そして，資源についてはすでに第1章で詳しく見てきたが，近代経済学における資源とは，一般的には労働，土地，資本であるから，これら資源の配分（資

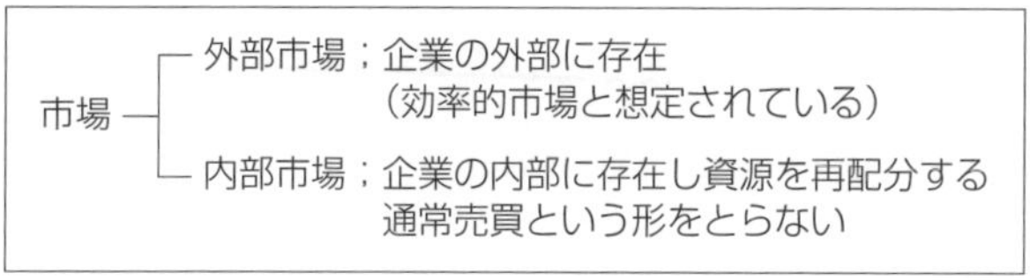

```
市場 ─┬─ 外部市場；企業の外部に存在
      │        （効率的市場と想定されている）
      └─ 内部市場；企業の内部に存在し資源を再配分する
               通常売買という形をとらない
```

**図 2.1　2つの市場**

源配分機能）を行う場を取り扱うことになる。この資源配分をつかさどる機構の代表が市場（Market）である。

　ここでは差し当たり市場を「財やサービスが取引される場所」としておく。しかしながら，この機能を果たすのは外部に想定された市場（外部市場）だけではなく，企業内部で「市場」と同じ機能を果たすメカニズムの存在にも注目しておかなくてはならない。これを外部市場に対し，内部市場と呼んでおくことにする。たとえば，原材料や労働力の調達は企業内部（企業グループ間）で行われることがしばしばである。企業が外部の企業とこれらの資源を市場での売買という形で取引していないケースも少なくないのである。

## ③ 資源配分の手段としての市場

　**図 2.2** は資源配分機能から見た「市場システム」の俯瞰図である。民間企業が市場における経済活動の中心となっている市場経済では，企業は天然資源（原材料），人的資源（労働力），資本資源（資金）といった希少な資源を生産要素市場（略して「要素市場」とする）から購入もしくは借用し，その生産要素を組み合わせたり結合する形で充用し，生産を行い，生産物に変換したうえで，その生産物（有形財やサービス）を生産物市場で販売するのである。

　図中の企業 1，企業 2，企業 3……企業 L は，それぞれの財やサービスの生産のために諸資源の最も有効な組合せを実現すると考えられているとともに，生産物（A，B，C……M）を需要パターンにしたがって市場に供給するのである。有効かつ効率的な資源の配分・結合の結果，社会の経済的厚生が最大化される

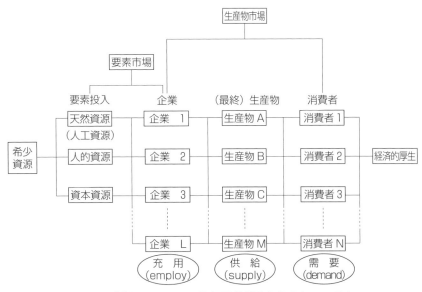

**図 2.2　市場システム——資源配分機能からみたシステム**

ことが期待されている。

　この資源の充用（employ）による供給（supply）という言葉には，その生産要素や生産物に対する占有権と処分権が含意されていることも忘れてはならない。

　また，財やサービスが取引される場を市場とし，有形財市場に限定してみると素材から完成品に向けた製造プロセスや販売プロセスに応じていくつかの市場が存在することになる。すなわち，生産や供給ないし販売といった機能に着目して企業を眺めると，いわゆるメーカー，卸売，小売りといった企業の業種といったものが浮かび上がってくるのである。

　この業種分類は，その主たる提供商品（財やサービス）によって行われるが，**表 2.1** はわが国の産業分類を示している。

　また，経営学的にみると，メーカー，卸売，小売といった川上から川下へのトータルなプロセスは商品の流通経路の把握になるとともに，メーカー側と流通側のどちらに価格決定（価格決定権）の所在があるのかを考えるヒントにもなる。ただし，ミクロ経済学ではこうした分析視点は概して弱い。この点で，経

### 表2.1　日本標準産業分類（大・中分類一覧）（2013年10月改訂）

- A　農業, 林業
  - 01　農業
  - 02　林業
- B　漁業
  - 03　漁業（水産養殖業を除く）
  - 04　水産養殖業
- C　鉱業, 採石業, 砂利採取業
  - 05　鉱業, 採石業, 砂利採取業
- D　建設業
  - 06　総合工事業
  - 07　職別工事業（設備工事業を除く）
  - 08　設備工事業
- E　製造業
  - 09　食料品製造業
  - 10　飲料・たばこ・飼料製造業
  - 11　繊維工業
  - 12　木材・木製品製造業（家具を除く）
  - 13　家具・装備品製造業
  - 14　パルプ・紙・紙加工品製造業
  - 15　印刷・同関連業
  - 16　化学工業
  - 17　石油製品・石炭製品製造業
  - 18　プラスチック製品製造業（別掲を除く）
  - 19　ゴム製品製造業
  - 20　なめし革・同製品・毛皮製造業
  - 21　窯業・土石製品製造業
  - 22　鉄鋼業
  - 23　非鉄金属製造業
  - 24　金属製品製造業
  - 25　はん用機械器具製造業
  - 26　生産用機械器具製造業
  - 27　業務用機械器具製造業
  - 28　電子部品・デバイス・電子回路製造業
  - 29　電気機械器具製造業
  - 30　情報通信機械器具製造業
  - 31　輸送用機械器具製造業
  - 32　その他の製造業
- F　電気・ガス・熱供給・水道業
  - 33　電気業
  - 34　ガス業
  - 35　熱供給業
  - 36　水道業
- G　情報通信業
  - 37　通信業
  - 38　放送業
  - 39　情報サービス業
  - 40　インターネット附随サービス業
  - 41　映像・音声・文字情報制作業
- H　運輸業, 郵便業
  - 42　鉄道業
  - 43　道路旅客運送業
  - 44　道路貨物運送業
  - 45　水運業
  - 46　航空運輸業
  - 47　倉庫業
  - 48　運輸に附帯するサービス業
  - 49　郵便業（信書便事業を含む）
- I　卸売業, 小売業
  - 50　各種商品卸売業
  - 51　繊維・衣服等卸売業
  - 52　飲食料品卸売業
  - 53　建築材料, 鉱物・金属材料等卸売業
  - 54　機械器具卸売業
  - 55　その他の卸売業
  - 56　各種商品小売業
  - 57　織物・衣服・身の回り品小売業
  - 58　飲食料品小売業
  - 59　機械器具小売業
  - 60　その他の小売業
  - 61　無店舗小売業
- J　金融業, 保険業
  - 62　銀行業
  - 63　協同組織金融業
  - 64　貸金業, クレジットカード業等非預金信用機関
  - 65　金融商品取引業, 商品先物取引業
  - 66　補助的金融業等
  - 67　保険業（保険媒介代理業, 保険サービス業を含む）
- K　不動産業, 物品賃貸業
  - 68　不動産取引業
  - 69　不動産賃貸業・管理業
  - 70　物品賃貸業
- L　学術研究, 専門・技術サービス業
  - 71　学術・開発研究機関
  - 72　専門サービス業（他に分類されないもの）
  - 73　広告業
  - 74　技術サービス業（他に分類されないもの）
- M　宿泊業, 飲食サービス業
  - 75　宿泊業
  - 76　飲食店
  - 77　持ち帰り・配達飲食サービス業
- N　生活関連サービス業, 娯楽業
  - 78　洗濯・理容・美容・浴場業
  - 79　その他の生活関連サービス業
  - 80　娯楽業
- O　教育, 学習支援業
  - 81　学校教育
  - 82　その他の教育, 学習支援業
- P　医療, 福祉
  - 83　医療業
  - 84　保健衛生
  - 85　社会保険・社会福祉・介護事業
- Q　複合サービス事業
  - 86　郵便局
  - 87　協同組合（他に分類されないもの）
- R　サービス業（他に分類されないもの）
  - 88　廃棄物処理業
  - 89　自動車整備業
  - 90　機械等修理業
  - 91　職業紹介・労働者派遣業
  - 92　その他の事業サービス業
  - 93　政治・経済・文化団体
  - 94　宗教
  - 95　その他のサービス業
  - 96　外国公務
- S　公務（他に分類されるものを除く）
  - 97　国家公務
  - 98　地方公務
- T　分類不能の産業
  - 99　分類不能の産業

営学の存在意義を改めて認識することができるのである。

　この他，製造業自体には，素材，加工，組立といった区分もあり，最終組立（assembly）を行う企業に部品や半製品（中間生産物）を納める企業は数多く存在する。完成品とりわけ消費財を中心としたテレビ CM に登場する企業しか企業名を知らないとすると，ミクロ経済学自体の応用場面をごくごく限定してしまうことになりかねない。玄人好みの多くの企業の存在とその名称，業種分類等を知る努力は，それ自体が重要な意義をもつとともに，リアリティという点での経済学の面白さを増す役割をもつものであるゆえ，日頃から心がけたいものである。

## 4　市場構造，市場行動，市場成果とその決定因

　ところで，市場メカニズムの効率性を考える場合に，市場そのものの効率性に限定して良いのであろうか？

　実は，ひとつのシステムとして考えると，市場の成果は国の行う公共政策，市場の構造，企業等による市場行動等によって生まれてくる複合的なものである。この点を図 2.3 を用いて確認をしておくことにする。

　**市場成果**の決定（図の右側）において，重要な役割を果たすのは，政府の産業政策などの**公共政策**や競争政策を背景に企業活動により歴史的に形成されてきた**市場構造**（図の左側）であり，また，これに対応した市場分析（マーケティングリサーチ）や市場創造（マーケティング）という企業の**市場行動**（図の上部）である。

　こうした市場構造や市場行動の要素（factor）をパラメータ（parameta）と呼ぶことにし，以下で説明を行う。

### 1．公共政策

　公共政策（Public Policy）は，市場構造の形成や秩序維持，あるいは国内産業育成や国内産業保護のための海外からの輸入規制や投資規制，あるいは，消費

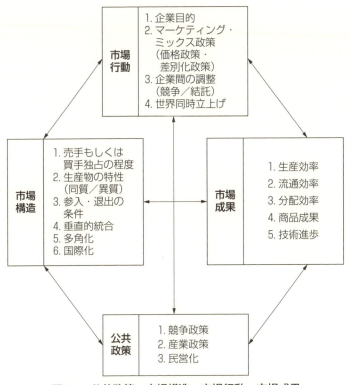

**図 2.3　公共政策・市場構造・市場行動・市場成果**

者利益の実現を目的として，独占禁止法に基づき公正取引委員会が，自由競争を損なうカルテル（価格協定），トラスト（企業合同），コンツェルン（高い集中度の企業合同）などの寡占的もしくは独占的状態を排除し，自由競争を実現するための政策の実施や企業行動の監視を行うものである。

## 2. 市場構造

　産業政策や競争政策，民営化などの公共政策に市場のルールや事業範囲を制約されながら企業は活動を行うが，市場の規模（売上規模）は商品・業種により異なり，同じ製品市場で競い合う企業の数や企業規模（資本金・従業員規模な

ど）も異なる。そして，こうした相違が市場の構造の違い，すなわち市場構造（Market Structure）の違いを生み出すのである。

この市場構造を決める決定因すなわちパラメータには以下の①～⑦のようなものが考えられる。

### ① 市場の独占度（集中度）

市場の独占度（集中度）とは，市場における売手の数の少なさや売上規模の占有率の高さあるいは買手の数の少なさや買入規模の占有率の高さであり，この独占度（集中度）が高いと買手（もしくは売手）に有利な取引条件の実現が可能となる。競争の存在やその欠落が企業の価格や生産の決定に与える影響の程度等が問題となる。独占禁止法（アメリカではAnti-Dumping Law）の問題では，たとえば，マイクロソフト社の販売方法が問題となっていた。

### ② 生産物の特性

標準的な生産物か差別化（差異化）された生産物であるかという生産物の特性の相違により，企業の戦略に与える影響は異なり，競争状況，参入の難易度や市場規模にも影響を与える。

### ③ 参入の条件

市場に新しい企業が加わることを「参入（entry）」というが，参入の条件とは，この参入の難易度を意味する。参入の条件は「参入障壁」とも呼ばれるが，これにはいろいろなものが考えられる。

たとえば，鉄鋼業や化学産業などの装置型産業では，設備投資に巨額な資金が必要となり，資本（資金量）が問題となるし，こうした装置を動かす技術者の確保等も含め，参入は容易ではない。また，この参入障壁を，価格という点で考えると，「参入障壁が高い」という表現は，販売価格が低いこと（それを可能にするのは低コストである）を意味している。

### ④ 退出の条件

退出の条件とは，既存市場で事業を行っている企業（既存企業）が，その市場から「退出（exit）」する場合の難易度を意味する。参入障壁ということばはあるが「退出障壁」という言葉が使われないため，退出は＝廃業ということで

もあるが，退出のための条件が意識されることは少ないかもしれない。しかし，参入と同様，退出もそう容易ではない場合も少なくないのである。

企業がある市場から撤退する場合，産業政策上の位置づけや外資との関係も踏まえ，即座に決定がなされない場合もある。企業の合併や買収 (M&A: Merger and Acquisition) などの場合も，ケースによっては容易に認められるとは限らず，こうした場合には，「退出障壁は高い」ことになる。企業が廃業や自主破産[2]する場合なども，負債処理など「退出」のために行うべき手続きは少なくない。産業再生法の下では，2005年に繊維・化粧品メーカーの老舗であったカネボウが経営破綻し，産業再生機構[3]（2000年4月から2007年6月まで存在）の下で事業分割され，「再生」された。こうした産業育成・参入・退出・再生という動きについては節を改めて再考してみよう。

⑤ **垂直的統合**

財やサービスの生産・提供において投入物の供給，産出物の購入など，生産工程の前後にあるプロセスを担う企業を統合することを垂直的統合という。ここに統合とは，合併や資本参加，経営参加などを意味する。系列化，グループ化などとも呼ばれる。

⑥ **分散度（多角化）**

主たる生産物以外の産業分野で財やサービスの生産や提供などの事業を行う程度を意味する。したがって，ここでの分散度とはいわゆる「多角化」を意味する。本業に専念することと異なる事業へ展開をする多角化のいずれが適切であるのかは一概にはいえない[4]。

---

[2] 産業再生機構，新破産法，競争の存在やその欠落が企業の価格や生産の決定に与える影響の程度（独占禁止法，産業再生法他）等の分析を行う……マイクロソフト，カネボウの問題，シャープの再建等。

[3] 株式会社産業再生機構は，株式会社産業再生機構法に基づき，2003年5月より業務を開始し，2007年3月に解散，同年6月に清算を完了した。

[4] 以前，あるガラス会社の社長さんに「社長にとりマンネリとは何ですか？」と尋ねたところ，彼は「何か新しいことをしなければいけないと感じるようになった状態かな？」と答えた。

⑦ 国際化

多くの海外・地域市場での販売・購入に参加する程度を意味する。

1985年のプラザ合意以降—それまでの1ドル=300円台の為替レートから240円台へと円高が急速に進んだ—のわが国企業の海外展開（国際化）には顕著なものがあった。1980年代の対米輸出（「集中豪雨的輸出」）から1980年代後半はアメリカという巨大な販売市場での現地生産，とりわけ，自動車や電気製品メーカなどの最終組立（アセンブリ assembly）メーカーと部品メーカー，対事業所向けサービス業（ソフトウェア，印刷，梱包，輸送など），保険会社等の進出が大きな役割を担った。これらを中心とする産業のアメリカという消費市場への展開に加え，1990年代以降は，日本向けの逆輸入をひとつの柱にアジア（東アジア，東南アジア，南アジア，西アジアなど）の生産並びに消費市場向けの生産が海外で行われてきた。また，2005年あたりからは，わが国製造業の国内回帰という揺り戻しの動きもあったが，中国をはじめとするアジア諸国の経済発展を背景にグローバル化は一層進んだ。しかし，2014年以降アジア諸国の経済成長の減速と円安誘導策などもあり，一部国内回帰の動きが再び見られてきている。こうした動きが経済合理性を踏まえたものであること，そしてその合理性の内容を正確にとらえることも大切になっている。

国際化の含意するものも多様であるが，海外市場と国内市場のウェイトの置き方や生産工場の国内か現地化かという選択も市場構造に影響を与えるのである。

---

■ **テクノ・グローカリゼーションと海外事業所の権限** ■

テクノ・グローカリゼーションとは，テクノロジーとグローカリゼーションの合成用語であり，情報通信技術主導のグローカリゼーション技術すなわち情報技術が支え，牽引する企業活動の国際化・現地化を意味している（橋本・藤江他 2005）。

もっとも，グローカリゼーションという言葉も経済活動の地球規模での展開を意味するグローバライゼーション（グローバル化）と「現地化」を意味するローカリゼーションの合成用語「多国籍企業の現地化」で，論者によっては，環境

問題や主権国家・民族国家の限定化などとの関連で「グローバルな視点をもって，ローカルに活動する」点を強調する場合もある。

インフォーメーション・テクノロジー（IT）の進展は，IT関連製品・部材，完成品，情報通信施設というハード面に加え，設計・製造システム，経営管理システム，インターネットや電子メールを中心とする情報通信システムやソフトウェアなどのソフト面の発展をその内容としているが，テクノ・グローカリゼーションは既存企業の諸機能に大きな変革をもたらし，何よりも中堅・中小企業にも国境を越えたビジネスへの参加を可能にし，現地国の地域産業集積の意味合いの変容をも余儀なくさせてきていることが重要である。

それでは，こうしたテクノ・グローカリゼーション下において海外事業所がその円滑な運営のためにもつべき権限とは何であろうか？

国境を越えた異なる主権国家での事業活動は，単に開発の援助ということには止まらず，当該企業の「現地化の姿」を実現するべく，他国の領土で当地の主権者と協働で事業を行うことなのであり，そのためにはまず企業は現地事業所の責任者・スタッフに「現地化の姿」を明確に示し，現地の法律（憲法・会社法・商法・税法・経済法・労働法・特許法など），市場秩序・構造，税制（法人税，所得税，地方税，移転価格税制や過小資本税制など）そして宗教・文化・教育を正確に理解する努力をその責任として負わせることが不可欠である。

また，権限（決定権）は投資計画，人事・労務，生産，資金調達・運用，社会貢献など多面にわたるが，本社との情報共有とそのためのインフラの整備を大前提とし，海外事業所の「現地化」の実現を目的とした円滑な運営のために付与すべき重要な権限として絞り込むとすれば，それは「人事権」であり，情報をコアとするリスク管理のための権限と考えられる。

## 3. 市場行動

市場行動（Market Action）は，既存の公共政策や市場構造を前提にしてとられる企業の行動である。この行動はさまざまな内容の意思決定の集合であるが，既存の公共政策や市場構造を変えることを含め，さまざまな行動が考えられる。

以下では，企業目的，マーケティング・ミックス政策，企業間の調整，世界

市場での販売のタイミングについて取り上げる。

① 企業目的

企業目的とは，企業自らが設定した目的であるが，利益，販売量，資産のレベル（水準）や成長などの数値的目標や企業の行動目的であるミッション（mission）も含まれる。

② マーケティング・ミックス政策

マーケティング・ミックス政策は，企業がその競争優位を獲得するために用いる道具であるが，価格設定，広告，販売促進策などを適切に組み合わせて行うものである。

③ 企業間の調整（競争／結託）

販売者間の競争や協調により価格設定，広告，販売促進案などのマーケティング・ミックスの組合せやその使用程度を調整すること。

④ 世界市場での販売のタイミング

世界市場での販売のタイミングは「優先市場の立ち上げから他地域へ」という方式のみでなく，「世界同時立上げ」という方式も生まれ，多様化してきた。

企業は，「世界同時立上げ」という政策をとる場合がある。従来は，生産能力の問題もあり，新製品については優先市場から販売を開始し，次第に別地域での販売に拡げていくという方式がとられてきた。その後，これに代えて，世界をいくつかの地域——北米，南米，ヨーロッパ，アジア，日本等に分け，各地域で同時に新製品を発売するという戦略を行うようになる企業も出てきた。この体制により，巨額の研究・開発費用を一挙に回収するとともに特許などの知的所有権の侵犯を防ぐという目的も達成することが可能となると考えられた。もっとも，「世界同時発売」のための生産体制をしっかりと構築しておくことも不可欠となる（後藤 2005）。

また，2000年代までは，知的所有権の保護あるいは設計・生産技術の保護，生産方法やプログラミング方法の保護を目的として，海外から国内に工場を回帰させる動きもみられたが，海外の市場の拡大に応えるために，その後も現地生産の方が進んできている。

## 4. 市場成果

　市場成果（マーケットパフォーマンス（Market Performance））とは，市場機構での資源配分の結果の内容の達成度と評価にかかわるものとなる。したがって，そこには効率という視点から見た評価や消費者の側からみた満足度さらには技術進歩などの誘発性なども含まれる。

　ここでは，効率という視点から生産効率，流通効率，分配効率，商品成果，技術進歩などを見ておくことにする。

### ① 生産効率

　生産効率とは，産出物（out-put）が最小費用（minimum cost）で生産されたかどうかを測定するものである。

### ② 販売効率

　販売効率とは，費用対効果でみて効率的な広告や販売技術の利用を行ったかどうかを想定するものである。

### ③ 分配効率

　分配効率とは，生産物の供給にかかわる実際のコストと市場価格の両立を意味する。言い換えれば，供給者への「正常」利潤を含む実際のコストが市場価格でカバーされることである。この場合の市場価格は，「正常」な価格を超えた「過剰な」価格ではなく，「公正」な価格である。

### ④ 商品成果

　商品成果とは，生産物の多様性や品質（正確性・精密性など）における高評価など消費者の満足度を意味する。

### ⑤ 技術進歩

　技術進歩とは，供給コストを削減する新生産技術や既存の製品に優る新製品の発明・開発，革新が行われているかどうかを測定するものである。

## 5. 小括

　公共政策，市場構造，市場行動，市場成果とその決定因を見てきたが，これらの相互作用によって市場機構は動き，また，変化してきているのである。

こうした，相互作用の中で，企業の目的と政府の役割がどのようにかみ合っていくのか，いわば，「市場にすべてを委ねること」が可能なのかどうかとともに妥当か否かが大きな問題となっていくことは必至である。

# 5 産業育成・参入・退出・再生

## 1. 産業育成保護策—自動車産業を例に

わが国の産業育成保護は明治政府の樹立以降，歴史的にも「殖産興業」というスローガンで実施されてきたが，第二次世界大戦後は，「傾斜生産方式」（石炭，鉄鋼，電力，肥料）を中心とした資源集中，自動車産業の育成，半導体産業の育成，最近では，バイオ産業，宇宙産業等先端産業育成のためというように，国の支援はその対象を変えつつ継続している。こうした産業育成・支援は，リスクをともなう膨大な研究開発費が要請するものでもある。

公共政策は，競争政策と，産業政策等からなるが，従来「官」（国や地方自治体）が行ってきた事業を「民」に任せるという，「市場化テスト」という新たな取組みも行われてきたが，これは従来の「外部委託」や「民営化」とは異なる，競争政策や産業政策とも関係をもつ「積極的な」コスト削減策とみなせる。

---

■─［資料］ 日本の自動車産業発展の歴史（1904-1985）─■

日産自動車編『自動車産業ハンドブック』丸善，1988 年より

日本の自動車産業の発展の歴史は，産業政策史すなわち，産業の育成政策の歴史でもある。1904-1985 年という期間の産業政策史を日産自動車編『自動車産業ハンドブック』により確認しておくことにする。

便宜上，発展過程を，① 1904-1945 発展過程：国産 1 号車，日産，トヨタ設立，国防政策としての育成，② 1945-1954 戦後の発展過程：欧米メーカーから技術導入，③ 1955-1964：国産車育成から途上国中心の海外生産，④ 1965-1985 自由化と提携合併，という 4 つの時期に区分して紹介を行う。

[1904-1945 発展過程：国産1号車，日産，トヨタ設立，国防政策としての育成]

1904年国産第1号車（蒸気車），'07年には初のガソリン車が登場したが，日本の自動車産業は第2次大戦までは国防政策の一環として育成された。'11年には，陸軍が軍用車の研究を開始，'18年の軍用自動車助成法の下に軍用車の製造には補助金が交付された。'24年と'27年にGMとFordがそれぞれ組立生産を開始したため，日本政府は外資に対抗して国産化促進策を打ち出した。'26年に商工省に国産進委員会を設置，'31年にトラック，バスの標準形式を決定，'32年に自動車・部品の輸入関税を引き上げ，'36年には自国自動車産業の早期確立をめざして自動車製造事業法を制定した。この頃に日産（'33年），トヨタ（'37年）が設立されたが，需要は限られており，生産は1万台レベルに留まっていた。

大戦中は自動車の生産，配給，価格などが厳しく統制され，軍用車に特化した生産はトラックを主体に年間数万台レベルで推移した。

[1945-1954 戦後の発展過程：欧米メーカーから技術導入]

戦後まもなくはGHQの統制下で自動車産業の復興が図られたが，'45年にトラック，'49年に乗用車の製造許可がおりるとともに自動車の販売統制も解除された。朝鮮特需を経て'50年代初に生産はトラックを主体に年間4～5万台に拡大した。'50年代は完成車の輸入制限（商用車'61年，乗用車'65年まで）の下，'52年の日産とイギリスAustinとの技術提携（'60年まで）を皮切りに，欧米メーカーから技術を導入した。また，アメリカの新しい管理技術を日本に同化・吸収し，協調的労使関係の確立，部品メーカーの育成と系列化を図るなど世界に通用する自動車産業を目指して基盤を固めた。'50年代末ごろからは海外市場の開拓も本格的に開始した。

[1955-1964：国産車育成から途上国中心の海外生産]

'55年の国民車育成要綱の発表，'61年の割賦販売法の制定を経て，'60年代の高度経済成長に支えられていわゆるモータリゼーションが開花した。国内販売は'63年100万台，'66年200万台，'68年300万台，'69年に乗用車が商用車を上回り，'70年には400万台を超え，保有も2,000万台に迫った。このように需要急増の中で，本田技研の四輪車分野参入（'63年）もあり，自動車産業は積極投資を続け工場建設と新車開発を行った。一方，自動車の普及と共に安全・公害問題も浮上し，'66年以降自動車排ガス規制（現在世界一厳しい基準）などが実施され

た。また'60年代に入り海外での国産化規制や輸入規制の動きに対応して途上国を中心に生産・組立拠点を築き始めた。

**[1965-1985 自由化と提携合併]**

'65年の完成乗用車の輸入自由化,'67年の資本自由化開始('73年完了)による開放経済への移行の中で,海外メーカーを含めた各社間の提携・合併が進んだ。'70年には三菱自工が三菱重工から分離され,Chrysler (15%取得,'85年に24%に引き上げ)と,'71年にいすゞがGM (同34%,現在41.6%)と各々資本・業務提携を結び,'71年にマツダもFordと業務提携('79年資本提携,25%)を行った。

'70年以降,国内需要の伸びは鈍化したが,世界各国への輸出を本格化,'70年100万台,'73年200万台,'76年300万台,'77年400万台,'80年には500万台を突破し国内販売を上回るに至った。第2次石油危機以降,世界的に小型車需要が増加する中で,先進国地域においても日本車の商品性がいっそう評価され,'85年には輸出673万台,生産1,227万台と過去最高を記録した。

(日産自動車 1988:76-77, 見出しは引用者作成)

## 2. 競争政策と産業支援(公的再生支援)の在り方
―繊維産業とシャープ液晶事業

### 1) 公正取引委員会のガイドライン

公正取引委員会は「公的再生支援に関する競争政策上の考え方」(以下「本考え方」という。)を作成し,2016(平成28)年3月31日に公表した。この作成と公表は,「競争政策と公的再生支援の在り方に関する研究会」が2014(平成26)年12月19日公表した「中間取りまとめ」において,公的再生支援を行うに当たって支援機関が競争政策の観点から留意すべき点を盛り込んだ業種横断的なガイドラインを公正取引委員会が作成・公表することが適当であるとされたことを受けたものである。

以下では公正取引員会の「本考え方」のポイントを確認し,民間企業の再生や業界の再編に政府がどこまで介入すべきなのかという問題を考えるヒントにしておくこととする。

① 公的再生支援とは何か

公的再生支援とは政府が出資して特別の法律により設立された法人が，有用な経営資源を有しながら市場における競争の結果として経営が困難な状況に陥った事業者に対して行う事業再生支援を指す。

② 公的再生支援が競争に与える影響

公的再生支援が競争に与える影響としては，公的再生支援が，「効率性に優れた事業者が市場で生き残る」という市場メカニズムに介入するものであるため，少なくとも以下のような2つの弊害を生むおそれがある。

a. 非効率的な被支援事業者が市場に存続することにより，効率的な既存の事業者または新規参入事業者への需要の移転や人的・物的な資源の適正な配分が妨げられる。

b. 経営が困難な状況に陥った際に公的再生支援が受けられることを見込んで，事業を効率化しようとするインセンティブが弱まる（モラルハザード）。

③ 公的再生支援を実施するうえで留意すべき三原則

公的再生支援を実施するうえで留意すべき三原則とは，a. 補完性の原則，b. 必要最小限の原則，c. 透明性の原則，の3つである。

まず，a. 補完性の原則とは，民間だけでは円滑な事業再生が不可能であり，事業再生に対する公的な支援を行わざるをえない場合に限って，民間の機能を補完するために実施されるようにすべき，という原則である。

また，b. 必要最小限の原則とは，さまざまな政策目的を達成するために事業再生が必要である場合において，当該事業再生のために必要最小限となるような規模・手法等で行われるようにすべきということである。

さらに，c. 透明性の原則とは，支援基準や支援手続といった一般的な事項に関する情報だけではなく，個別の事案に関する情報についても，開示されるようにすべきというものである。

> **透明性の具体的な確保策**
> ○ 公的再生支援機関は,支援基準や支援手続の流れを公表するとともに,公的再生支援の実施過程も積極的に開示する。
> ○ 競争への影響が大きいと考えられる場合においては,個別の事案における支援計画の内容や公的再生支援による競争への影響評価について,可能な範囲で公表する。
> ○ 競争への影響を評価するに当たって,事業再生に支障のない範囲において,競争事業者等から意見を聴取する。

④ 公的再生支援の規模

　公的再生支援の規模が大きいほど,競争に与える影響は大きい。そこで,公的再生支援による「呼び水効果」を踏まえつつ,あらかじめできる限り民間からの借入れや増資を自ら行うように,被支援事業者に対して求めることが適当である。すなわち,被支援事業者の債権者に対して十分な債権放棄を求めるため,減資等の形で被支援事業者の損失を負担するように株主に対して求めることが望ましい。

⑤ 影響最小化措置

　基本的には公的再生支援の内容を調整することによって公的再生支援が競争に与える影響を最小にすべきであるが,どうしても看過できない競争への影響が残る場合には,そのような影響を払拭するため,どのような措置(影響最小化措置)を採りうるか検討を行うことが適当である。

> **影響最小化措置**
> ○ 行動措置(新規事業分野への投資の一定期間禁止等)
> ○ 構造措置(事業の譲渡等)

　以上のような公正取引委員会の「考え方」を踏まえて,後述するカネボウやシャープの問題を考えてみることが必要である。

　また,1997年のアジア経済危機後には,預金保険機構の下にりそな銀行,

足利銀行等が管理された[5]。多くの業種にわたる産業再生機構の「再生支援事業者一覧」は表2.2に示している。

表2.2 産業再生機構 再生支援事業者一覧（41グループ）

| 更新日 | グループ名 | 更新日 | グループ名 |
| --- | --- | --- | --- |
| 2006年4月28日 | 株式会社あさやホテル | 2005年8月10日 | ダイア建設株式会社 |
| 2005年2月28日 | 株式会社アビバジャパン | 2006年11月10日 | 株式会社ダイエー |
| 2006年11月10日 | 株式会社アメックス協販等 | 2005年4月8日 | 株式会社大京 |
| 2005年11月30日 | 株式会社うすい百貨店 | 2006年1月25日 | タイホー工業株式会社 |
| 2005年4月28日 | 株式会社大川荘 | 2006年4月28日 | 株式会社田中屋 |
| 2004年12月17日 | 株式会社大阪マルビル | 2005年5月31日 | 玉野総合コンサルタント株式会社 |
| 2005年11月28日 | 株式会社奥日光小西ホテル | 2005年5月20日 | 株式会社津松菱 |
| 2005年6月30日 | 株式会社オグラ | 2006年10月16日 | 栃木皮革株式会社 |
| 2006年8月8日 | 株式会社オーシーシー | 2004年12月22日 | 服部玩具株式会社 |
| 2005年12月16日 | カネボウ株式会社 | 2005年12月27日 | 株式会社フェニックス |
| 2006年4月28日 | 金谷ホテル観光株式会社 | 2005年10月3日 | 富士油業株式会社 |
| 2006年5月29日 | 株式会社釜屋旅館 | 2004年8月31日 | 株式会社フレック |
| 2006年5月30日 | 関東自動車株式会社 | 2006年4月28日 | 株式会社ホテル四季彩 |
| 2006年4月28日 | 株式会社鬼怒川温泉山水閣 | 2004年11月10日 | 株式会社マツヤデンキ |
| 2006年4月28日 | 鬼怒川グランドホテル株式会社 | 2006年3月31日 | ミサワホームホールディングス株式会社 |
| 2006年3月31日 | 株式会社金門製作所 | 2006年3月17日 | 三井鉱山株式会社 |
| 2005年12月20日 | 九州産業交通株式会社 | 2006年10月27日 | 宮崎交通株式会社 |
| 2006年4月28日 | 株式会社金精 | 2006年8月22日 | 株式会社ミヤノ |
| 2005年12月30日 | 株式会社三景 | 2005年3月31日 | 株式会社明成商会 |
| 2005年1月14日 | 粧連株式会社 | 2005年1月31日 | 八神商事株式会社 |
| 2007年3月2日 | スカイネットアジア航空株式会社 | | |

（出所）預金保険機構保管情報 株式会社産業再生機構（活動中公表資料類）
http://www.dic.go.jp/IRCJ/ja/shienkigyo.html より作成

---

[5] りそな銀行は，2003年6月に預金保険機構（金融危機特別勘定枠）を引受先とする1兆9,600億円分の優先株式・普通株式の発行を行い，実質国有化された。その後，2015年6月25日公的資金の完済を発表した。また，足利銀行は，2008年預金保険機構が足利ホールディングスへ売却し，一時国有化が解消され，破綻処理は完了した。

## 2）カネボウ　繊維事業撤退

　カネボウは1887年に東京綿商社として創業し，1893年鐘淵紡績に社名変更し，その後，2001年にはカネボウ株式会社に商号を変更した。その紡績工場名は東武スカイツリーライン（伊勢崎線）の鐘ヶ淵駅に名残をとどめている。

　カネボウは1960年代後半「ペンタゴン経営」という多角化路線を打ち立て，繊維・化粧品・食品・薬品・住宅の5事業を展開していった。しかし，1973年の第一次オイルショック，1979年の第二次オイルショック，その後のバブル崩壊を経て，化粧品事業以外の採算が悪化し，厳しい経営状況が続くことになった。しかし，2001年度の債務超過を隠すため，粉飾決算を繰り返し，2005年3月16日産業再生機構の支援下に入った。

　再生機構の再生計画（2004年5月作成）では，化粧品事業の分社化後のカネボウの事業は，4つに分類された。第一分類は中核になる可能性が高い事業，第二分類は事業性はあるものの中核になるか見極めが必要な事業，また，第三分類は早急に事業性を調べ継続か撤退かを判断すべき事業，そして第四分類は早期に売却・清算する事業である。繊維事業は第四分類で，化粧品は第一分類であった。

　この4つの分類に基づき，羊毛やカップめんなど国内18事業，海外2事業の売却・精算が進められたのだが，化粧品事業とブランド商標権は花王子会社のカネボウ化粧品に売却され，第二分類の繊維事業（ポリエステルやナイロン）は福井県の染色大手セーレンと共同出資会社KBセーレンを設立（2005年）し，綿と合繊事業を譲渡した。セーレン株式会社は1889年 福井精練加工として創業，1923年設立で染色等の生地加工が中心としていた会社である。KBセーレンはその後，電磁波シールド，人工血管材，建材シートなどの機能性繊維を開発し，先端的な繊維総合メーカーとして事業を行っていたが，カネボウの再建も2年で成し遂げた。

　これに対し，採算性のある化粧品事業を買い取った資生堂は，2013年に発生した「白斑問題」（2008年9月発売の美白化粧品が1万人以上の利用者から肌がまだらに白くなるという被害を訴えられた問題），被害者から集団訴訟を起こされ

るなど，カネボウ化粧品事業が大きな負担となっているのは皮肉なことである。

### 3) シャープの鴻海（ホンハイ）による買収

シャープといえば液晶テレビを連想するのが自然かもしれない。しかし，シャープの歴史は液晶やテレビで始まったわけではない。同社は，世界で4万4千人（国内2万3千人）の従業員を有し，プロダクトビジネス（デジタル情報家電，健康・環境，エネルギーソリューション，ビジネスソリューション），デバイスビジネス（液晶，電子デバイス）の製造・販売等を行う会社であった。以下では，まず同社のホームページの（『100年史』）を基に，簡単にその歴史を振り返ってみよう。

シャープ株式会社（Sharp Corporation）は1912（大正元）年 創業者・故早川徳次（当時18歳）が徳尾錠（ベルトのバックル）の発明で特許を取り，東京本所松井町で金属加工業を創業（9月15日）。創意と誠意の二意専心が経営信条である。創業者早川徳次が手掛けたのは，金属文具の製作技術の研究改良により開発した，金属性の繰り出し鉛筆「早川式繰出鉛筆」(1915年) であった。その後，改良を重ね，1916（大正5）年 エバー・レディー・シャープペンシルと名づけて一世を風靡，これが現在の社名および商標である"シャープ"の由来となっている。

その後，ラジオメーカー（真空管）として発展し，1935年には早川金属工業株式会社として会社組織化し，第二次大戦後は扇風機，冷蔵庫，洗濯機などを手掛ける総合電機メーカーとして発展してきたが，テレビメーカーとしては1952年に第1号機を生産し，その後，量産を開始した。生産の早川電機（1942年商号変更）と販売のシャープ電機株式会社（1956年設立）という二本柱を軸に事業を展開してきた。その後，総合エレクトロニクス企業として期間を経ることになる。1960年代後半以降は，真空管電卓，ワンチップLSI電卓，そして液晶電卓というようにその後の液晶テレビの技術につながる電卓が主力商品のひとつとなった。

シャープは，ナンバーワン企業からオンリーワン企業への展開の商品として

液晶テレビアクオスの生産を開始し，2004年から2006年は大型液晶テレビアクオスの生産で「亀山ブランド」の普及に努めた。1インチ1万円を出発点にして，大型化は売上と利益を保証するものとなるはずであったが，その後は，韓国企業（サムスンディスプレイやLGディスプレイ）を含めた激しい競争，すなわち価格引き下げ競争が行われた。1インチ当たりの価格は下がり続け，1インチ1000円を切るまでになった。

こうした価格の低下に直面しながら，シャープは液晶テレビの大型化のための工場建設（堺市）に巨額の投資を行い，これが致命的な影響を与え，その後の業績の低迷の引き金となった。他方で，この間，台湾メーカーの輸出攻勢もあり，また，技術面では，サムスンをはじめ液晶に変わる「有機EL」の採用も進められてきており，液晶市場自体にも陰りが見えるようになった。液晶もテレビも曲がり角を迎えたのである。

こうした厳しい環境の下，シャープはその再建で迷走を続けてきたが，2016年3月に台湾の鴻海（ホンハイ）精密工業による買収で決着することとなった。

これは産業政策としてみると，「日の丸液晶会社」ともいえるジャパンディスプレイ（JDI）とシャープを統合する案（「国策」）が潰えたことになるのであり，産業育成・保護政策と資本の自由化の問題と見ることが可能である。

2016年当初1月時点では，シャープが官民ファンドの産業革新機構主導で再建を目指し，みずほ銀行，三菱東京UFJ銀行の主要取引2行も革新機構が示した再建案を受け入れる方針と見られていた。その際，2行は実質的な債権放棄などで最大3500億円の金融支援を実施し，産業革新機構はシャープ本体に3000億円を出資したうえで液晶事業を分社，2018年をメドに同業大手のジャパンディスプレイ（JDI）と統合すると伝えられていた。

ジャパンディスプレイ（JDI）とは，産業革新機構が株主となり，2014年4月に日立製作所，東芝，ソニーの中小型液晶事業を統合し，発足した会社で，競争力の高い中小型液晶パネルで優位に立つために，スマートフォン用パネルの高精細化に経営資源を集中してきている。

しかし，その後，台湾の鴻海精密工業（郭台銘薫事長）がシャープを買収するという方向転換が実現した。シャープ経営陣並びに主要銀行が支援額を上積みした鴻海案の採用に判断が傾いたわけである。「民」が「官」に勝利したともいえる。

### 引用・参考文献

Lionel Charles Robbins, Baron Robbins (1932) *Essay on the Nature and Significance of Economic Science*. （中山伊知郎監修，辻 六兵衛訳『経済学の本質と意義』東洋経済新報社，1957年）

公正取引委員会（2016）「公的再生支援に関する競争政策上の考え方」（平成28年3月31日公表）http://www.jftc.go.jp/houdou/pressrelease/h28/mar/160331.files/02.pdf（2016年4月8日閲覧）

後藤康浩（2005）『モノづくりの新日本モデル　勝つ工場』日本経済新聞社

日産自動車編（1988）『自動車産業ハンドブック』丸善

橋本和美・佐野正博・郝燕書・藤江昌嗣（2005）『テクノ・グローカリゼーション――技術戦略・地域産業集積・地方電子政府化の位相』梓出版社

# 第3章
# 経済理論とモデル，企業と市場

　私たちが現象を把握し，理解する場合に，現象を丸ごととらえるのではなく，自分の分析目的にそって，分析対象の一部の属性に注目して概念を定義し，その概念を用いて理論仮説を創り出す，すなわち仮説設立を行う。これにより，現象のありようや現象の諸要素とその機能，それらが構成する内部構造さらには外部との相互作用等を把握していく。これをモデル化と呼ぶことにする。

　こうしたモデル化は，私たちの身の回りでよく行われている。たとえば，図3.1の地図を見ることによっても確かめられる。この地図は，アメリカの地図

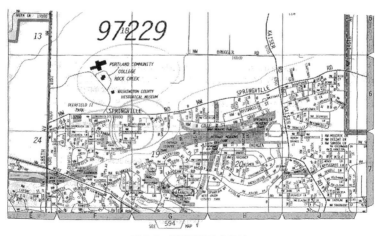

図3.1　道路地図（USA）

（出所）The Thomas Bros. Maps, The Thomas Guide 2001 Portland Metro Area, 2001.

であるが，線で表されているのは道路である。多くの日本の道路地図とは異なっているが，カーナビゲーションの広域表示はこのようなものになっている。

グーグルナビのように家並や道路の映像ではなく，この地図のように目的にそってモデル化は行われる。

こうしたモデル化は経済学でも行われている。その際，ミクロ経済学では多くの仮定とともにモデルを用いた思考がなされている。以下では，まず，ミクロ経済学のキー概念について説明をしておく。

## 1 ミクロ経済学のキー概念

### 1. 理論とモデル

モデルは理論の形式的表現であり，経済理論は多くの場合，因果関係を表現する数式を用いた理論モデルで表わされる。

また，図表を含む数理モデルは簡略で，操作しやすく，結果をすぐ示せるというメリットがある。図表を用いた説明は **graphic illustrations** と呼ばれる。

現実の経済現象には，その結果をもたらす多くの原因があるので，複雑な因果関係をもっている。複雑な現象を複雑なままとらえることは困難で，こうしたアプローチは因果関係を上手くつかまえることができず「スパゲッテイ症候群」などと呼ばれることもある。

■ 現代技術の「スパゲッティ症候群」──柳田博明 ■

セラミックスの科学並びにインテリジェント材料学の研究者柳田博昭（東京大学名誉教授）は，現代技術が患っている病気を「**スパゲッティ症候群**」と名づけた。そのこころは，複雑すぎて理解の糸口がつかめない技術は，ちょうど皿に盛りつけられたスパゲッティがどこで始まり，どこで終わるのか，また，中途はどう手繰るのかがわからないのに似ているというものである（スパゲッティを食べないと生きていけないということではない）。

そして，このスパゲッティ症候群には 4 つの兆候（Sign）があり，第一の兆候は，

始まり（原因）と終わり（結果）の分別ができない現象面での「入り乱れ」状況であり，第二の兆候は課題を与えられた時にそれを解決する思考法にかかわるもので，「問題解決を，複雑化する手法でしかできない思考上の疾患」を指す。そして，第三の兆候は，「複雑なものほど高度なもの，という誤った認識」であり，究極の兆候である第四の兆候は，「本質よりも周辺の方に努力が傾注されすぎた結果，肝心の本質把握が低下してしまう」というものである（柳田博明 1994b：103-104）。

複雑な現象をその主要な要因を中心にモデルとしてとらえることは現象・因果関係を単純化することである。そのために，次の簡単化のための仮定が用いられる。

### 1）簡単化のための仮定（simplifying assumptions）

現実の事象のもつ多様な機能や複雑な関連を，その基本的な機能や関連・関係に注目して抽り出した簡単なモデル，シンプルなモデルから出発する。

仮定は明示されているか否かで以下の2つの仮定に分けることができる。

**明示的仮定（Explicit assumptions）**——明確に記述される仮定

**暗黙の仮定（Implicit assumptions）**——明確な記述はないが，暗黙のうちに前提とされている仮定

では，ミクロ経済学ではどのような仮定が置かれているのであろうか？

① **効率的市場（the efficient market）の仮定**

市場が効率的であること。

② **合理的経済人（the economic man）の仮定**

各経済主体は，その利潤や効用を最大化する合理的行動をすること（非合理的行動はしないこと）。

③ **完全情報（perfect information）の仮定**

経済主体（企業・家計）はあらゆる必要な情報にすぐアクセス可能であること。したがって，その行動する市場で生起する事象についての情報は既知となり，推測する必要はないこと。

④ 無コスト（costless）の仮定
　輸送，知識の獲得，異なる利用への資源のシフト，技能の変化，労働の他の用途への利用の際に発生するコストがゼロであるという仮定。
⑤ 即時活動（instantaneous activity）の仮定
　あらゆる資源はある用途から他の用途へ即時的に，すなわち遅滞なくシフトされること。これは可塑性とほぼ同義である。

「市場メカニズム」の有効性を考え，検証することの重要性は改めて指摘するまでもないが，後にみるように，ミクロ経済学が分析の出発点においている厳しい前提，すなわち，現実性の弱い仮定のひとつに「市場の効率性」があることも忘れてはならない。そして，この「前提」を検証することもまた，経済学の課題となる。

### 2) 理論仮説（モデル）の検証
設定した理論仮説をデータで実証することをここでは「モデルの検証」と呼ぶ。理論仮説（モデル）の検証においては，次の3つの点への配慮が必要になる。
① 「反証可能性」；事実やデータにより反証・検証できる仮説を扱うこと[1]。
② 人間行動を扱うので，実験はできないものの，現実世界の観測に依存する作業であること。
③ 経験的情報の利用，すなわち現実のデータの利用であること[2]。

## 2. 実証的研究と規範的研究の区別と統合
　研究は実証的研究（Positive research）と規範的研究（Normative research）の2つ

---

[1] この「反証可能性」を「純粋な科学的言説」の必要条件として提示したのは，カール・ライムント・ポパー（Sir Karl Raimund Popper 1902-1994）である。
[2] データには，質的データ・量的データという2つのタイプがあり，それらには，尺度の違いにより，各々名義尺度や順位尺度のデータと間隔尺度・比率尺度のデータがある。詳しくは，藤江（2016）を参照のこと。

に分けることが可能である。

　理論仮説をデータで検証する科学のスタイルにのっとり研究を行うのが実証的なアプローチである。また，経済問題が優れて社会的側面をもつことを踏まえ，経済政策等の意味や役割を重視した場合，「かくあるべき」というモデルの設定とその実現が課題となる。こうした課題設定と実現を志向する場合には，規範的な研究となる。

　両者はいずれも重要であり，一方のみに偏することは避けなければならない。

　たとえば，国家目標としての豊かさは，個人の「貧しさ」をなくし，個人の「豊かさ」の実現を通して実現すべきものであるという課題などがこれに該当する。この場合，規範的研究を批判する立場に立てば，何が問題なのかといえば，「個人は豊かになるべきである」という「かくあるべき」という命題である。

　しかし，実証的研究の立場に立てば「豊かさ」は計測可能な形で提示されなければならない。規範的研究の命題は「あいまいである」ということになる。

　「貧しさ」と「豊かさ」というテーマは，わが国でも，たとえば戦前から河上肇の『貧乏物語』という名著により示された直截的テーマがあり，また，J. K. ガルブレイスの『豊かさの中の貧困』という経済成長の実現プロセスの中で生じる「所得格差」の存在に触れたものや，すぐれて現代的な問題である正規雇用と非正規雇用の問題などを指すと理解できる。格差問題の確認とその解消のための政策立案に係わることは実証的研究と規範的研究が結びつき，さらに政策の実現という実践性も備えるものとなる。

## 3. 外生変数と内生変数

　いろいろな値をとる変数 (variable) のうちモデルの外部からその数値が与えられる変数を外生変数 (exogenous variable) といい，これに対し，モデルの内部で数値が決まってくる変数を内生変数 (endogenous variable) という。

## 4. *Ceteris paribus* (ケテリス パリブス)

　ある事象（結果）を生み出す複数の要因（原因）がある場合に，その複数の要

因のひとつのみを変数として扱い，その影響のみを把握したいときがある。

数式で示されたモデルにおいて，モデルの変数のうちひとつの変数の影響を考え，また，説明するときに用いられる「他の事情が同じならば」("all else being equal" = none of the exogenous variables changes) という仮定のこと。

## 2　個人や企業の意思決定

経済学にとって，経済主体である消費者（個人）や企業の行う意思決定は大変重要なものとなる。ここでは，この消費者（個人）と企業の決定内容について簡単に触れておく。

### 1．個人の決定

個人は所与の所得の下で消費（購入財とその数量）の決定を行うが，同時にそれは貯蓄の決定を行うことも意味する。というのは，貯蓄は所得のうち消費されない部分として定義されるからである。

ミクロ経済学では主観的満足度である効用を最大化する行動をとる消費者（個人）は「合理的な個人」と考えられている。しかし，この「合理的個人」仮説の見直しを提起し，ノーベル経済学賞を受賞したのがアマルティア・セン (Amartya Sen, 1933-) である。センは，ミクロ経済学が通常想定するような，消費者の行動目的を「効用」の実現・最大化ではなく，「機能」に置き，教育の不足等で，自らの能力を発揮できない状態を貧困と考える独自の貧困論と経済学の課題を導き出した。

### 2．企業の決定

#### 1）生産する財，生産方法，価格の決定

企業の決定は財の供給者としての役割と利潤の実現にかかわる決定，すなわち，生産物の価格がそれを生み出す費用を上回り，利潤を生みだすように諸決定を行うことである。

既存の設備等を用いた財の生産とその供給における諸決定は，利潤最大点や損益分岐点，さらには操業停止点などの計算や把握をともなうものとなる。
　これらの決定のいくつかについてやや詳しく見ておこう。
　① 何を作るのか？——**生産する財の決定**
・家計がある生産物に対する生産コスト（生産費用）をカバーする価格を支払わないことを知ったり，認知したりすると，企業は他のものを生産することを考えるようになる。実際，企業は「市場をもたない（no market）」生産物の提供を止めることになるのである。
・家計や他企業が必要としている財についての情報を得，自らが生産する財をリストアップする。
・生産を行う候補となった財について，生産量（規模）とともに製造コスト，原価を計算する
・期待利潤（正常利潤）を含む市場での販売価格を想定し，もし家計や購入企業が，その生産物に対する生産コスト（生産費用）をカバーする価格を支払う場合には生産を行う決定をなす。しかし，コストをカバーする価格での購入が難しいと知ったり，認知する場合，企業はその財の生産を断念し，他の財を生産するかもしれない
・消費財や生産財等の耐久年数を踏まえて，その更新需要に備える
　② どのようにつくるのか？——**生産方法の決定**
　生産方法は第3節の1. (p.50)で見るように，大きくは資本集約的生産方法と労働集約的生産方法の2つに分けることが可能である。企業はこの生産方法のいずれかの生産方法，あるいは中間に位置する生産方法を，機械の生産性，労働生産性，国内外も含めた賃金（実質賃金）などの相対的関係や企業独自の戦略的思考でその採用する生産方法を決定する。
　ここに，資本集約的生産方法とは，労働者1人当たりの資本量が多い生産方法であり，単位当りの労働者数に比べ，より多くの設備機械が充用されている生産方法である。
　また，労働集約的生産方法とは，労働者1人当たりの資本量が少ない生産方

法であり，単位当たりの労働者数に比べ，より少ない設備機械が充用されている生産方法である。

### ③ 価格の決定

また，価格の決定に際しても，市場の不完全性 (market imperfectness) や取引費用 (transaction cost)，外部性 (externalities) なども考慮し，価格とともに供給量，雇用者数と賃金・福利厚生費，原材料等の購入量なども決定することになる。経営者自身の仕事の報酬や雇用者の発明の報酬なども決めなければならない。

この際，競争の存在やその欠落が企業の価格や生産の決定に与える影響の程度（独占禁止法，産業再生法他）等の分析を行うことも必要となる（たとえば，マイクロソフト，カネボウの問題）。


## 2) 短期的決定と長期的決定

企業は短期的決定と長期的決定を行う。

経営者にとり価格や稼働率の決定はいわば「短期的決定」である。実は，経営者には，今ひとつの重要な決定がある。それは長期的決定である投資の決定である。投資は資本主義経済のダイナミズムを生む主因である。


忘れてならないことは，市場に登場する各主体の意思決定は原因でもあり，結果でもあるということである。たとえば，企業の生産物「何を生産するのか？」に関する決定は，消費者が買うであろうと企業が認める（予測する）商品により決定されるのである。

また，いまひとつ忘れてならないことは，各意思決定者は市場に送られた情報 (information) に基づき利己益（利己目的）(self-interest) にしたがって行動する。それは，失敗も含むが，私有財産権と交換の自由に基づく社会的調整と協働というドラマであるということである。

# 3 企業の資源配分機能と取引費用―企業 VS 市場

 さて，2章では市場による資源配分機能をみたが，現実には市場（外部市場）を通さない資源配分も行われている。それは企業の組織内部での資源配分である。そこには，経済合理性が存在するはずであるし，その存在は市場機構（外部市場）による資源配分の経済的合理性の低さの傍証にもなっている。しかしながら，傍証はあくまでも傍証に留まる。

 ここでは，ミクロ経済学の仮定にさかのぼり，「外部市場による資源配分が常に効率的である」と考えられてきた根拠をまず確認し，そのうえで，「企業の内部すなわち内部市場による資源配分が経済的合理性をもつこと」を確認する。また，この問題を考える際には「取引費用（Transaction cost）」という概念が有効であり，それを用いた説明も行うこととする。

## 1. 企業の決定―再考

 市場（markets）とは需要者と供給者が貨幣により財やサービスを購入すること，すなわち貨幣と財やサービスを交換するための場であることはすでに確認した。私有財産制度と社会的分業を前提とする分権化された経済である資本主義生産制度では，経済主体の意思決定が重要となる。また，「自己増殖する価値」である資本（capital）は，経営者による意思決定の内容に沿って，増えもすれば減りもするのである。

 企業（経営者）は，何を，どのように，どのような費用で，どの位の数量を作り，どのような価格で販売するのか等を決定する。

 以下ではいま少し，企業（経営者）の行う決定のうち，生産方法と価格の決定について再度確認をしておこう。

### 1）生産方法の決定

 生産方法の決定は生産する財の決定よりも重要である。というのは，生産する財の決定はまだ机上のものであり，調査費用等の少ない費用ですんでいるか

らである。これに対し，生産方法の決定は設備・機械の購入をともなう投資（investment）という形をとり，調査費用を凌ぐ多額の投資となり，研究開発・試作段階の費用も含めると企業（経営者）にとって大英断となるからである。

生産方法の決定対象はさまざまであるが，ここでは，改めて資本集約的生産方法と労働集約的生産方法という2つを取り上げる。

「資本集約的生産方法」とは，労働者当りの資本量（設備量）が高い生産方法で，言い換えれば，少ない労働者と多く（多機能）の設備・機械による組合せとなっている生産方法である。

これに対し，「労働集約的生産方法」とは，労働者当りの資本量が低い生産方法で，多くの労働者と少ない設備・機械による生産方法である。

これらのいずれをその生産方法として選択するのかは，設備と労働の購入費用（cost），設備の場合はそのランニングコスト（運転費用），労働の場合はその安定的調達が可能か否かといった点がポイントになるが，また近年では製造過程での秘密保持というセキュリティ視点から国内で生産するのか，海外で生産するのかを戦略的に判断することも行われてきている。

こうした生産方法の選択だけで，企業の競争力が決まるわけではない。この点で藤本隆宏が自動車産業を中心に考案した「能力構築競争」という概念が参考になる。

藤本隆宏はその著書『能力構築競争』（中央公論，2003年）で「能力構築競争」という概念を提示しているが，それは「表層の競争力」とそれを支える「深層の競争力」から生じるものだとする。

「表層の競争力」（特定の製品に関して顧客が直接観察・評価できる指標）のことで，具体的には価格，知覚された製品内容，納期などである。これに対し，顧客は直接観察できないが，表層の競争力を背後で支える「深層の競争力」とは，企業の組織能力と直接的に結びついている指標で，生産性，生産リードタイム，開発リードタイム，開発工数，適合品質（不良率），設計品質などをさす（藤本 2003：41）。藤本は，企業は，最終的には表層の競争力の優劣を競い，顧客の支持率である市場シェアを競い，結果として相応の利益を得るが，それが結果

としての利益パフォーマンス（収益性）となる。

　これに対し，その水面下の競争，すなわち，顧客が直接評価をしない生産性や生産リードタイムなどの指標に関して，お互いにベンチマーキング（競争相手の実力の比較調査）しあって優劣を競う深層レベルでの競争が存在しこれを藤本は「能力構築競争」と呼ぶのである（同上：41-42）。

　そして，この深層の競争力は「組織能力」に直結している。ここに「組織能力（capability, competence）」とは「組織ルーチン」全体の体系を指し，ある経済主体が持つ経営資源・知識・組織ルーチンなどの体系で，その企業独特のもので他社がそう簡単には真似できず（優位性が長もちする），結果としてその組織の競争力・生存能力を高めるものと定義している（同上：28）。

　ただし，自動車産業以外にこうした「表層・深層の競争力」・「組織能力」・「能力構築競争」等の概念が適用可能なのか否か，もし適用可能であれば，どこまで適用可能なのか，さらには，何故，他産業・企業においてこうした能力構築競争が重要視されてきていないのか等，考えるべき問題が残っている。

　2017年に表面化した日産，スズキなどの検査問題は，日本の自動車メーカーにおける深層の競争力のほころびの兆しとなっている。

### 2）価格の決定

　価格の決定も重要である。

　最も単純な価格の式は，費用に利潤を加えたものであるから，次のようなものとなる。

　　価格　＝　費用　＋　利潤

また，フルコスト原理あるいはマークアップ（要求利潤率 $\mu$）方式に従えば，

　　価格　＝　（　1　＋　$\mu$　）　×　費用

になる。これは費用（コスト）をすべてカバーしたうえで，それに要求利潤率 $\mu$ を上乗せし，価格を設定するものである。

　ここで，気をつけておかなければいけないのは，費用の構成である。後の章でも取り扱うが，一般に費用は，その財の生産に要した費用—原材料費や賃金，

ユーティリティコスト，地代・家賃，利子など―により構成されるが，固定費用と変動費用という形でも把握される。しかしながら，すべての財についてこうした価格決定方式がとられる訳ではない。現実には製薬メーカーの新薬の価格決定などのように，研究開発はしながらも事業化できなかった―実用化に失敗した―「薬品」の開発コストを事業化された薬品のコストに含めることがある。この他，知的所有権（特許収入・商標権等）に係る収入であるロイヤリティも考慮されなければならないこともあり，価格決定における費用構成は複雑なものとなる。

　以上の点も踏まえつつ企業は競争他社の価格も睨みながら価格決定を行うのである。

## 2. 効率的市場（the efficient market）の仮定再考

　企業と家計という2つの経済的主体が，それぞれの目的―利潤や効用の最大化―を実現するという意味で市場は効率的であると考えられている。これは資源の効率的配分が実現していると言い換えられる。この場合の市場は外部市場を指している。しかし，市場は内部市場と外部市場に二分される。この二分化は外部市場が「効率的市場」であるという仮定を検証し直す必要を生み出す。

　企業にとり市場は外部市場と内部市場があり，企業には資源配分をいずれの市場で行うかという選択の問題がある。そこで，次に検討すべきは，「外部市場，内部市場を用いる経済学的メリットは何か？」という問題である。言わば，市場か企業かという問題である。そして，この問題を考えるとき，思い起こす必要があるのは，ミクロ経済学がその分析の前提においている仮定である。

　すでにみたように，ミクロ経済学には多くの仮定がおかれている。こうした中でも，「効率的市場（the efficient market）の仮定」は，文字通り，市場が効率的であることを仮定している。しかしながら，市場と企業のどちらが効率的であるかを考えるときに，「市場が効率的であること」を仮定するのはいただけない。何故ならば，これから証明すべきことを前提（「仮定」）として措定してしまっているからである。

仮に百歩譲って，この仮定を措いておくことにしても，その他，ミクロ経済学の仮定の中には，①完全情報（perfect information）の仮定，②無コスト（costless）の仮定，③即時活動（instantaneous activity）の仮定がある。これらの仮定がすべて，現実の経済を説明するには，厳しすぎる——"現実離れ"している——ため，これらの仮定を緩めることで現実の事象を説明するべく「取引費用」概念がコース（Roncld H. Coase）により考案され，その後の新制度学派と呼ばれる研究の流れを生んできたのである。

再確認とはなるが，①完全情報の仮定とは，経済主体（企業・家計）はあらゆる必要な情報にすぐアクセス可能であることを意味し，その行動する市場で行われていることについて推測する必要はないというものである。

また，②無コストの仮定とは，輸送，知識の獲得，異なる利用への資源のシフト，技能の変化や労働の他の用途への利用に関わるコストはかからずゼロとなるという仮定である。

さらに，③即時活動の仮定とは，あらゆる資源はある用途から他の用途へ遅滞無く即時的にシフトされるというものである。

市場機構に登場する経済主体は，コストゼロで，完全な情報をもつことが可能で，かつ資源の効率的配分のための資源の移転コストもかからずゼロとなること，そして，この資源移転に必要な時間もかからないというわけである。

こうした，理論モデル構築のための仮定は，現実妥当性を低めることになる。厳しい仮定を少し緩めることと仮定が現実を反映していないことは必ずしも同じ意味とはならない。

ここに制度学派が取引費用概念を用いて，市場だけではなく，企業も資源の配分を行う根拠を説明しようとした動機を見つけることができるのである。

市場がより安い費用で，より効率的な資源配分を行う場合もあれば，逆に企業の方がその組織編制を活かしながら，より安い取引費用で配分を行うことも可能なのであり，先験的（a priori）に市場が常に効率的配分を行うと考えることは妥当ではない。ここに制度学派の主張の核心がある。

## 3. 経済の調整を行うのは企業か，市場か？―「取引費用」概念の意義
### 1) 取引費用概念の意義

　内部市場か，外部市場かという課題設定は，効率的な取引価格と取引数量の決定を行うのがいわゆる企業（内部市場）なのか市場（外部市場）なのかという問題も提起することになる。企業と市場はこうした調整活動を行う代替的な制度として考えられるのである。

　実際，企業はその資源調達を内部市場（企業グループ）を通じて行っているのであるから，2つのメカニズム（内部・外部市場）の存在を否定することは積極的意味をもたない。むしろ，考えるべき問題は，「何故，内部市場もしくは外部市場を用いるのか？」という点であろう。言い換えれば，「内部市場，外部市場という2つの概念を用いる経済学的メリットは何か？」という点である。

　この理由を説明するのが「取引費用（Transaction cost）」概念である。

　企業（内部市場）であれ，市場（外部市場）であれ，資源の利用は実際には費用を生じさせる。すなわち，資源の存在に関する調査・情報収集をはじめとして企業（内部市場）であれ，市場（外部市場）であれ，管理費用がかかり，取引参加者が負担しなければならない費用が存在するのである。これが取引費用（transaction cost）である。

　取引費用の理論に立つと，「市場」では，独立な経済主体（家計・企業）間の自発的かつ平等な取引（水平的取引）によって取引費用が節約されるが，「企業組織」では企業のヒエラルキーによる上位階層からの指令に基づいた取引（垂直的な取引）によって取引費用が節約されると考えるのである。

　この企業か市場かという問題は企業にとっての経済合理性が，企業組織内での取引と市場での取引とのどちらにあるかという問題である。その解答は，経済の発展段階やそれと相関をもちながら変化していく市場構造の状況で異なるものとなる。

### 2) 取引費用概念と家族の役割

　こうした考え方は，資本主義社会の初期段階における家族と資本主義の関係

を想起させるものでもある。

　ユルゲン・コッカ (Jürgen Kocka) は，『工業化・組織化・官僚制—近代ドイツの企業と社会』(原著，1981年)において，いわゆる工業化は資本主義社会の初期段階と重なり，家族と資本主義の関係という点では，資本主義的関係が家族の役割を変えていくことを示しているとする。「市場か企業か」という問いも本質的には，この段階での「近代的外部組織か家族か」というテーマと近似性をもつと思われる。

　コッカは，初期工業化の時期における家族と資本主義の関係の諸相について3つの複雑な転換の過程を挙げている。すなわち，①教育・資金調達・生産管理方法の家族外からの調達や情報通信手段の発達による家族親族関係の重要性の相対的低下，②問題解決のための家族企業の限界や家族と工業の関係における阻害的な要素の現出，③家族の経済的機能を果たす能力，すなわち，工業資本主義の発展に動力を供給する必要性の低下である。

　また，シュンペーター (J. A. Schumpeter) が「変化は傾向にすぎないこと」，「家族の役割も否定的なものだけではないこと」を指摘していることを受け，コッカ自身も以下のように受け止めている。

　「もっともそれは変化の傾向であるにすぎない。ズールの算定によれば1930年代末に，機械工業の約4200社のうち，120は百年以上の歴史をもち，そのうちの半数はなお設立者の家族の所有にあった。今日でもなお，成功を収めている家族企業が多く存在している。中小の企業は今日なお強く家族につなぎとめられている。発展した経営者資本主義においてさえ，家族の結びつきは必ずしも否定的にだけ作用するのではなく，逆のこともある。家族的なつながりに由来する動機づけがまったくなければ，資本主義は枯れてしまう，というシュムペーターの陰鬱な予想にかかわらせていえば，最終的な結論はまだ出ていない。」(コッカ 1992：205)

　資本主義社会が進行していく中で，地域や国によるその形の相違は，初期工業化の段階における近代的外部組織と家族の代替性という問題を反映しているものとして理解することが可能である。

引用・参考文献

コッカ,J. 著,加来祥男訳(1992)『工業化・組織化・官僚制―近代ドイツの企業と社会』名古屋大学出版会(原著,1981年)
藤江昌嗣(2016)『新ビジネス・スタティスティクス』冨山房インターナショナル
藤本隆宏(2003)『能力構築競争』中央公論
ポパー,K. R. 著,大内義一・森博訳(1971)『科学的発見の論理(上)』恒星社厚生閣(原著,1934年)
ポパー,K. R. 著,久野収・市井三郎訳(1961)『歴史主義の貧困―社会科学―の方法と実践』中央公論社(原著,1936年)
ポパー,K. R. 著,藤本隆志訳(1980)『推測と反駁―科学的知識の発展』法政大学出版局(原著,1963年)
ポパー,K. R. 著,森博訳(2004)『客観的知識―進化論的アプローチ』木鐸社(原著,1976年)
柳田博明(1994a)『21世紀のための賢材開拓者宣言』KDDクリエイティブ
柳田博明(1994b)『新素材の開く世界―セラミックスの展開を中心に』日本放送出版協会

## 第4章
# 市場主義と市場批判

　21世紀に入った時点において，「市場」という言葉は，当時の小泉内閣が進めてきた「構造改革」の大きな柱である「市場主義」という文脈の中でよく登場した。既存秩序や既得権を破壊するという「バイタリティ」や「エネルギー」をメディアが醸し出し，ある種の「維新」感覚に陥ることも無かったわけではなかった。

　その後も，「市場メカニズムが合理的な資源の配分を行い，効率的な社会を作り上げ，国際競争力を築く」というストーリーが「神話」に近い形で伝えられ，「市場メカニズムの重視」という潮流が太い幹線となって1990年代から現在までの社会的文脈を作ってきたことは間違いない。「市場主義」重視の政策が，効率の悪い「官」よりも効率の良い「民」の力をできるだけ使うように方向づけられていたのは，当時，国や自治体等で流行した「市場化テスト（Market Test）」の取組みによっても理解可能である。

　「市場化テスト」について今少し触れておこう。市場メカニズムが有効に機能しないケースとして「市場の失敗（Market Failure）」があるが，これは民の失敗ということになる。他方で，従来「官」が行ってきた事業・業務を官と民のコスト比較により競争させるという「市場化テスト」も行われた。ただし，「市場化テスト」は市場メカニズムのもつ「失敗（機能不全）」の領域の確認よりも市場メカニズムのもつ「有効性」の領域を広げるためのものともいえる。いずれにしてもその考察の出発点は市場原理の意義と限界の確認となるべきで

ある。

わが国でも従来から，「市場万能論」と「市場の欠陥」に関する議論が「市場主義」の潮流の中で行われてきたし，国際的にもグローバリズム，テクノ・グローカリゼーションの進行の中で，「国際ルール」すなわち，地域自由貿易協定の構築，政府課税のあり方，EU (Europe Union, 欧州連合) 規制の影響，また，関税の賦課，割当制限，法定価格（上限）の設定が特定の製品市場に与える影響の程度の説明なども国際的に検討されてきた。

さて，市場原理の意義と限界を考える際のアプローチ（方法論）は，対象・目的・方法により規定されるが，批判のあるべき姿は2つとなる。すなわち，内在的批判と外在的批判である。ここに，内在的批判とは「市場原理信奉者から学ぶ」というものである。批判者は信奉者以上にその理論・思想の内容を正確に理解していなければならない[1]。

また，外在的批判とは，① 歴史的視点から見ることと，② システム間の関係性から見ることからスタートするものである。ここにシステムとは，経済システム・社会システム・政治システムを意味する[2]。こうした，内在的並びに外在的批判は現状認識に結びつくものである。現在の日本においては，それは「「構造改革論」をどう受け止めるか？」という問題と重なるものである[3]。

2010年代に入ると都市と地方の格差や都市間格差なども大きな問題として提起されてきている。地方の消滅あるいは再生は市場主義とも関連をもつ。以下では，市場主義すなわち市場原理についての肯定論とその批判，そして市場主義と地域の関係を考察する。

## 1 市場主義とは何か

伊藤元重は1996年に『市場主義』（講談社）を著した。その帯には，「「大変

---

1) 故 置塩信雄の基本的姿勢はここにあり，終始一貫この姿勢がぶれることはなかった。
2) 神野直彦の理論はこの3つのシステムの関係性より出発している。
3) 内橋克人の多くの考察の中の，現時点の中心問題はこの「構造改革」である。

な時代」を生き抜く答えがここにある！市場の力を借りる！これが日本を再生させ，企業が生き残る唯一の方法だ」とあるが，「市場主義」の考え方については，「市場化」を正面から受けとめ，それに従った変化を，個人も，国も志向していかなくてはならないものであるとしている（伊藤 1996：213）。そして，「市場化」とは日本社会が大きな転換点に立っていることを示しており，変化はさまざまなレベルでみられるとしている。すなわち，伊藤が「市場化」と呼ぶ現象は，「国際経済のグローバルな動きやメガコンペティション（大競争）とも言われる厳しい企業の競争環境の変化から，個人の一生のライフプランの描き方，職場・住宅・医療といった身近な生活環境の変化にいたるまで，経済・社会のあらゆる局面」（同上：213）でみられる変化の本質を指しているのである。

現象と本質の区別は必ずしも明確ではないが，「市場化」という共通のメカニズムがあらゆる局面において働き，それにしたがって変化をしなければならないというわけであるから，伊藤は「市場主義」者と呼ぶにふさわしい人物の一人である。

そこで，内在的批判の対象として伊藤の説くところを検討してみることにしよう。ここに取り上げるのは，伊藤の著したテキスト『入門　経済学』（日本評論社，2001年）である。

『入門　経済学』の中で伊藤は市場メカニズム・価格メカニズム，資源配分，パレート資源配分について以下のように説明している。

### 1）市場メカニズム・価格メカニズム＝計画経済に欠けている点

市場メカニズム・価格メカニズムは計画経済に欠けているものである。

それでは，市場メカニズムの基本的特質とは何であろうか。伊藤は，① 企業間の厳しい競争と，② 消費者の自由な選択の権利そして ③ 価格を通じた需要と供給の調整という3点を挙げている（伊藤 2001：266-267）。

これらについていま少しみていくことにしよう。

① 企業間の厳しい競争

競争が効率的なシステムを生み出し,技術進歩の原動力になること。そして,競争を通じた自然淘汰のメカニズムにより生産性の高い生産者だけが社会に残ること。

② 消費者の自由な選択の権利

市場経済は本来,消費者の自由な選択の権利が保障されている消費者主権的な経済であり,自由には買物・職業選択の自由などが含まれるとしている。

③ 価格を通じた需要と供給の調整

市場経済では消費や生産の決定は個々の消費者や生産者に委ねられているので,全体としての生産量と消費量の調整メカニズムが必要になり,この調整を行うのが価格を通じた市場メカニズムであるとしている。

2) 資源配分の問題

伊藤によれば,〈資源配分〉とは経済の中で行われる生産活動,消費活動,貯蓄投資活動,貿易活動を指し,「労働,資本,エネルギーなどの資源をどのような財やサービスの生産にまわすのか(配分するのか),そこで生産されたもののうち,どれだけを設備投資にまわし,どれだけを消費にまわすのか,また,それを誰がどれだけを消費するのか,海外とどのような財を貿易するのか,国内の資金配分をどうするのかといった問題」(伊藤 2001:268-269)である。

この資源配分を行うのが市場機構である。そして,完全競争が行われている市場では,次項でみるようにパレート効率が働き,資源の最適な配分が行われているとされるのである。

3) パレート効率と資源の効率的配分

パレート効率と資源の効率的配分については,厚生経済学における「基本第1定理」がその根拠を与えている。

すなわち,厚生経済学における「基本第1定理」とは,

> [定理] 2人・2財交換経済において，市場均衡はパレート最適を満たす

というもので，「完全競争の市場メカニズムがパレート最適な財配分を実現している」とするものである。

ここに**パレート最適**とは，「完全競争経済で各経済主体が価格のみをシグナルとして行動するときに，もし市場均衡が存在すれば，それはパレート最適性という一つの理想的な状態になっていて，市場均衡の財配分では「誰の効用も下げずに，誰かの効用を上げる」余地がない状態」を指している。

しかしながら，パレート最適には〈成立のための条件〉がある。それは，完全競争の存在と外部効果の不存在，公共財の不存在である。

第一の条件である「完全競争」とは，各経済主体がプライス・テーカー (price taker) であるというものであり，市場に参入している企業が市場での価格決定力をもたない存在であることを意味している。プライス・テーカーは価格支配力をもたないのである。

もし仮に価格支配力をもつ経済主体がいれば，市場均衡はパレート最適とならない。価格支配力をもつ経済主体がいる状態とは「独占」や「寡占」の状態である。ここに独占とはひとつの市場にひとつの供給（もしくは需要）主体しかいない状態であり，寡占とはひとつの市場に少数の企業しか存在しない状態を指している。

第二の条件は，外部経済・外部不経済という外部効果が存在しないことである。外部経済とは，「外部効果」すなわち，ある経済主体の経済活動が，市場での取引を通じずに，直接に他の経済主体に影響を与えることであり，これが，もしポジティブ（正）な効果をもつのであれば「外部経済をもつ」といい，反対に，ネガティブ（負）な効果をもつのであれば，「外部負（不）経済をもつ」という。外部負（不）経済の例としては，公害問題や環境問題がある。

第三は，道路・公園・消防サービスなどの政府により供給される公共財 (public good) が存在しないことである。

こうした3つの条件以外にも成立条件があるが，これら3つの前提条件に限定しても，これらの条件が現実の経済において満たされているケースが稀有であることを確認することはさほど困難ではない。完全競争はある財の市場の成立当初やその後の展開過程で満たされるかもしれないが，外部効果と公共財の不存在を確認することは困難であり，完全競争が現実に存在することは説明し難い。

■ [参考] 　伊藤元重──『市場主義』(1996) ■

　市場主義とは何か？という問いに対する伊藤の見解の一つは以下のようなものとなっている。
　「市場というのは実に巧妙な仕組みだ。一人ひとりは，利己的な利益を追求する。それなのに，市場を通すと全体的に調和するのである。」(伊藤 1996：16-17)
　市場は価格調整がはかられ最適な資源配分が実現するというわけであるが，アダム・スミスはこれを，「神の見えざる手」により経済は予定調和の世界に向かうとした。
　伊藤は世界経済は豊かになった一方で，人類の大半は依然として貧困のままであり，市場経済は地価や株価の乱高下という暴力的側面や貧富の差を生むという事実を認める。
　また，規制緩和に対しても，「市場化の時代」に向かっていくためには，市場の恐ろしさも知らなければならず，市場が人間の持つ強力な武器，道具であると同時に，非常に危険なものでもあることも認める。そのうえで，楽観的に以下のように述べる。
　「しかしながら，われわれは「市場化」の動きから眼をそむけることはできない。「市場化」の動きを抑え込むことも不可能だ。…重要なことは，市場のメカニズムをきちんと理解しながら，それを人間にとって役に立つような形で使いこなすことであり，それが「市場化」の基本的な姿勢である。」(同上：18)
　ここには，市場主義がもたらす薔薇色だけではなく，灰色(黒色？)の側面にも触れておかなければいけないというこの時点での伊藤なりのエクスキューズ，あるいは「懸念」が現れている。

大切なことは，これらの条件が満たされていないことの確認と市場機構に任せた結果を誰がフォローするのかを社会が明確にしておくことなのである。従来はこれを政府・地方政府が担ってきたのであり，そこにルソー的な「社会契約説」的事実が存在してきたのである。これは国家観—たとえば「福祉国家」とか，「協同参加型国家」など—の問題とも重なる重要な点である。

## 2　市場原理への批判的アプローチ

　市場原理への外在的批判はいくつかのタイプに分けることが可能である。それは，①歴史的視点から見たもの，②歴史的視点を含め，市場機構の不安定性に注目する立場，すなわち，市場制度を対象にその前提への疑問を提示するもの，③財政学視点からあるいは経済システムとそれ以外の社会システムや政治システムとの関連で検討する立場などである。

　ここでは，これらについて紹介を行い，経済学の歴史の中で「市場重視」「市場万能」という考えが必ずしも主流ではなかったこと，正確にいえば，その有効性には常に疑問がつきつけられていたこと，そして，こうした批判的視点は今なお検討に値し，その意味で有効であることを示しておくことにする。

### 1. 歴史的視点から見る

　いま人類が生存を続けるために必要な物的財の生産を歴史的に考えた場合，「純生産可能条件」，すなわち，自ら働く時間以上の価値がある生産物を生産（もしくは狩猟）するという条件が満たされることが必要となる。そのことは同時に一定の生産性を実現することを意味している。生産物が，農産物であった場合には土地からの収穫物が農業労働の投入時間の価値よりも高いことが必要であり，また，工業生産物であれば，その財の価値がその生産に必要な直接・間接労働の価値の合計を上回ることが再生産に必要であり，経済的意味をもつことになる。人類の長い歴史の中でその生産手段の発達により，こうした生産性は傾向的には上昇してきた。ここでの生産手段の発達とは，原動機，伝動機，

作業機の発達——近年はこれに制御機（コンピュータとその周辺機器）の発達が加わる——を意味している。

　こうした生産手段の発達は・生・産・能・力・の・発・達と言い換えることも可能であるが，この生産能力の発達は技術発展の論理という内在的なメカニズムによってのみ可能となったわけではない。こうした技術発展の内在的メカニズムをその方向性を含め決定し，具体化していくのは，社会制度（システム）なのである。

　このことをイギリスにおける産業革命と市民革命を例に考えてみよう。

### 1）市民革命と産業革命

　封建制度の中で，貿易差額を中心とした富の蓄積が行われてきたが，国王が統治する王制の下で，こうした富を獲得できるものは一部特権商人に限定されていた。これは「前期独占」と呼ばれている。しかしながら，重商主義の時代に新たに発見された他国・他地域での産物・商品に加え，やがて産業革命という形で爆発する新たな生産方法による新製品＝新商品の連続した登場は，その担い手である新興資本家の決定権と王制下で一部特権商人に委ねられていた決定権（彼らにとっての「営業の自由」という権利——既得権——）との対立を生み出すことになった。新興資本家の「営業の自由」並びに「私有財産の保護」が保証されない社会制度（システム）の経済的非合理性が明らかとなり，この非合理性をなくすには政治制度の変更と新たに保証されるべき権利を法律により明文化することが要求されることになる。

　生産性の上昇すなわち富の生産増加にとり，「前期独占」は廃止されるべきものとなったのである。こうした制度的変更が「市民革命」の本質的部分である。

　この「前期独占」の廃止により新興資本家階級に保証された営業の自由は「自由競争」という状況を生み出し，市場という場での資本家による決定権によって取引価格や取引数量が決められ，また，生産のための設備の購入や労働者の確保，労働条件などが決められていくことになる。ここに，機械（技術）の発展の内在的論理とその方向づけを行う社会制度が市場（機構）という場における経済主体の決定を生産力の向上という方向に向けて推進することが可能

となったのである。

　もっとも資本主義初期以降，労働者に対し人権を見出すような状況が起こるまで，労働者の労働条件は過酷なものとなっていたことを想像することはそう困難ではないであろう。

　また，王制の政治的根拠の動揺は，その経済的基盤の動揺も相俟って進行した。ここで経済的基盤とは，国王をはじめとする国家の財政基盤のことである。従来の国王の私的経済は税や特権商人からの上納金により支えられてきたが，市民革命の中での「権利なければ課税なし」という論理を前に，私的財政と公的財政の分離が明確となり，公的財政の支出は近代的公財政という方向に進んでいったのである。

> ■ ［参考］池上惇—市場の発展とその原動 ■
>
> 池上惇は市場の発展とその原動力について以下のように説明している。
>
> 歴史を振り返ってみると，人間が労働を通じて消費財や生産要素の市場を確立するには長い年月を必要とした。封建社会では職業選択の自由や営業の自由が制限され，商業そのものが領主の許可を得なければならなかったからである。
>
> 市民革命は自由，平等，博愛の理念を確立すると同時に職業選択の自由，移動の自由，営業の自由を保障し私有財産制度を確立した。以後，市場経済は法の保護を受けて急速に発達してきたのである。
>
> 営業の自由は，人々が自由に事業を起こして商品をつくり，自由に販売して，貨幣を手に入れ，自由に消費の欲求を満たし，自由に事業を拡大する権利を認めた。経済学の創始者の一人，アダム・スミスは私有財産制度と職業選択の自由な社会は一人一人の職業が社会の分業となって，各人は自分の職業に専心できるし，分業の成果である生産物を商品として市場で交換できると考えた。この方法によると経済の発展は自由に職業を選びつつ人々が創意と工夫をこらして労働することによって実現しうる。分業によって各人の才能を開発すること，他人の職業と才能を互いに尊重しあうことこそ経済発展の原動力である。
>
> （池上 1994：27-28）

> 池上は，職業選択，移動そして営業の自由を協調し，こうした主体的判断による自由が人間の能力を発揮させ，経済・社会を発展させることを強調しているが，市場が人間を映し出すひとつの鏡となっていることも示唆している。

### 2）寡占・独占

　自由競争は市場機構を通しながら進行していった。景気の良い状況は好景気，これに対し，悪い状況は不景気と呼ばれるが，19世紀半ばのイギリスでは好況過程のあと，突然「過剰生産」による恐慌がほぼ10年おきに起きたのである。
　過剰生産による恐慌，そしてその後の不況は，過剰な資本すなわち過剰な商品を生産し，過剰な設備・機械を所有し，過剰な労働者を雇用していた資本家（経営者）を淘汰する。その結果として，過剰な資本のうち，市場の拡大が見込まれる部分については，他の資本家（経営者）に所有権が移り，その資本家（経営者）の下に資本が集中していった。ここに，ある製品市場で少数の企業がほぼすべてを占有する寡占や一社ですべてを占有する独占が生まれることになった。
　イギリスの場合，国内で過剰となった商品は海外に輸出され，また，資本（設備・機械）も海外に輸出されることになる。19世紀末の「大不況」時代は鉄鋼業や化学産業などの装置産業が素材産業（「産業の米」）としての特性もあり，巨大化していったのである。こうした巨大な設備の投資には巨大な資金が必要になり，ある産業に参入する最低必要資本量も増大することになる。この資金の獲得方法として，「株式会社」制度が考案され，導入されることになったのである。
　また，資本主義・産業革命がいち早く成立したイギリスに対し，ドイツやフランスなどの新興資本主義国は，イギリスのもつ国際競争力を前提にした二国間（あるいは多国間）の競争によって自国の産業が敗れ，育成どころか消滅してしまうことを懸念した。そこで，ドイツなどでは，イギリスの「自由貿易政策」に対し，「保護主義」の政策が採られたのである。こうした国家間の産業発展の速度の相違と発展段階（レベル）の相違とそれと関係をもつ競争力の相違は，

貿易政策（貿易の自由化と規制）や関税政策，そして資本政策（資本輸入の自由化と規制）の相違を生み出すのであるが，こうした状況は当事国こそ異なるが，現在も繰り返し発生し，メディアで伝えられているところである。これらは，今風に言えば「グローバリズムとグローバル・スタンダード」の問題であり，「規制緩和」と今風にいえば「保護主義」の問題と呼ぶことが可能である。

### 3）独占禁止法（Anti trust law）

自由競争が生み出した寡占ないし独占はある財市場における供給企業の間の価格決定権に大きな影響を与えるものとなった。すなわち，市場占拠率（占有率；シェア）が大きい企業ほど価格決定権をもち，自由競争（完全競争）下で想定されるプライス・テーカーという仮定が成立しなくなるのである。

19世紀末から20世紀にかけてのアメリカでは，こうした寡占状態が鉄道事業を始め多くの産業で広がっていったが，結局，こうした寡占状態は消費者の利益を損ない，分権化された民主主義的要素をもつと考えられていた市場機構への懐疑，ひいては資本主義への懐疑を生み出すこととなった。

---

■ [参考]新しい産業国家—J. K. ガルブレイス（John Kenneth Galbraith） ■

アメリカの経済学者 J. K. ガルブレイスは「新しい産業国家」という呼称で大企業の支配—諸決定権の独占—と諸決定権を掌握する資本家とは異なるテクノストラクチャー（Technostructure）という企業組織内の専門家集団を析出した。

ガルブレイスは大企業と中小・零細企業を同列に扱うことに注意を喚起する。

多くの人は，大手自動車メーカーのゼネラル・モーターズ（GM）のような大企業と町にある新聞スタンドはまったく違う存在と考えるが，経済学の教科書では，いずれも同じ市場参加者と考える。どんな企業も影響力の及ぶことのない競争市場が存在するとみなすのである。

そしてそのことが正しいかどうかは検証されないまま，それを前提にして，

経済学の議論の多くが行われることに警句を発する。

　教科書の執筆者も現実がどうであろうと，これまで言われてきたことを忠実に記す方を選ぶ。そのほうが批判を受けるリスクが小さいからだ。違いを出すにしても，装飾的にちょっとだけ目新しい指摘をして，出版社が宣伝しやすくする程度だ。

　ガルブレイスが『新しい産業国家』で示したことは，大企業と中小企業との違い，すなわち，「数少ない大企業が総生産で大きなシェアを占め，中小企業にない影響力を持っているという現実である」。そして，この影響力は価格設定にとどまらず，消費者の好みや政府の政策にまで及ぶものであるとしている。
　大企業による経済部門を，「計画システム (Planning System)」と名づけ，そのシステムはその強大な影響力ゆえに，一定の計画を立てることが可能になり，民間経済のほぼ半分を占めるものとなっていることを指摘する。
　その結果，計画を立て，設備投資を決めるような支配力をもつのは，以前のような資本家ではなく，企業組織内の専門家集団であり，ガルブレイスはこれを，「テクノストラクチャー (Technostructure)」と名づけた。(ガルブレイス 2004：139-140)

## 2. 市場制度を対象にその前提への疑問を提示するもの

　ワルラスの一般均衡分析に代表される新古典派の経済理論に対して，体系的批判の口火を切ったのはソースティン・ヴェブレン (Thorstein B. Veblen) であった。ヴェブレンが問題視したのは新古典派の理論前提であった。宇沢弘文によれば，その批判は以下のようなものになる。
　「ヴェブレンが指摘した新古典派理論の理論的前提は…生産手段の私有制，経済人(ホモエコノミクス)の概念，主観的価値基準の独立性，不変性，生産要素の可塑性(マリアビリティ)，市場均衡の安定性などである。ヴェブレンは，これらの前提条件の一つ一つに対して，その意味するところを詳細に論じ，その非現実性を指摘している。」(宇沢 1988：93)

　これらのいくつかについて宇沢の解説により簡単に確認しておくことにしよう。

1) 経済人の合理的行動仮説

「経済人の概念」とは「経済人の合理的行動仮説」を指している。この仮説については，新古典派理論の主張するように，人々の経済活動，とくに消費行動は，ベンサム的な効用を最大にするというような基準で説明できるものではなく，文化的，社会的，歴史的条件とりわけヴェブレンのいう制度的条件によって規定される面が大きい。また，経済人(ホモ・エコノミクス)という概念自体，人間行動の本質から大きく乖離したものであると繰り返し主張している。(同上：94)

2) 生産要素の可塑性(マリアビリティ)

生産要素の可塑性(マリアビリティ)とは，固定設備(機械)を含む生産要素が固定性を欠き，なんらのコストもかからずに瞬時に移動可能であるというものである。

現実には，資本設備等の固定性が高まってきていることから，この仮定の現実説明力の低さを宇沢は指摘する。

機械による生産過程は，同一工場のなかでの固定性をもたらし，異なる工場相互の関係もまた，固定的な性格を帯びてゆく。その結果，経済全体の生産規模や，その具体的な形態も，外生的な条件や市場の条件の変化に対応した，可変的な調整ができなくなり，生産要素の可塑性は失われるのである。

「新古典派理論で想定しているのとは，まさに対照的な状況が生み出されてくるわけである。例えば，労働の雇用についても実質賃金と労働の限界費用が等しくなるという条件はもはや一般には成立しなくなるし，資本の限界生産が実質利子率に一致するという条件もまた妥当しなくなる。」(宇沢 1988：96)

■ [参考] 宇沢弘文──生産要素の可塑性(マリアビリティ)への疑問 ■

宇沢弘文『経済学の考え方』岩波書店，1988年より

　生産過程が機械を中心としたものとなり，生産要素の固定性が高まるにつれて，生産の主体である企業の性格についても，本質的な変化がもたらされる。新古典派的な企業が，そのときどきの市場的条件に対応して，生産要素の組合せを

利潤が最大になるように調節することができるような幻影的な存在であったのに対し，ヴェブレン的な企業は，一つの有機体的組織をもち，時間を通じてアイデンティティを保つ実体的な存在となる。

　生産過程および生産要素が固定的であるときには，生産設備はひとたび建設されると，たとえ，価格，需要などの市場的条件が大きく変わっても，その形態を変えることが困難となってくる。機械設備だけでなく，熟練的な労働などの生産要素についても，このような固定性が，一つの生産組織全体についても，固定的となっていく。このような現象は，例えば，アメリカ資本主義について，19世紀の終わり頃からとくに顕著にみられるようになったとヴェブレンは主張する。
　　　　　　　　　　　　　　　　　　　　　　　　（宇沢 1988：96-97）

### 3）資源配分・資源利用のメカニズム

　資源配分・資源利用についてもヴェブレンは新古典派とは異なる現実を論理的に示している。

　たとえば，現時点で存在する固定的な生産要素の完全利用について，以下のような疑問を提示する。

　「投資活動の帰結として決まってくる現時点における固定的な生産要素の量と質とが，現時点における市場の条件，とくに現在の市場価格体系のもとで最適なもの，各企業にとって最大利潤をもたらすものであるという保証はなくなる。現時点で存在するこれらの固定的な生産要素が完全に利用され，雇用されるということはむしろ例外的であって，偶然にしかおこらないこととなる」（同上：99）。

　また，固定的ならびに可変的な生産要素の利用は現時点で行われる投資により左右され，また，この投資は経営者の将来の市場的諸条件—価格水準，賃金水準，需要の大きさ，代替的生産物ないしは技術の存在など—についての期待に依存すること，その結果，このようなプロセスは完全雇用の状態が如何に実現困難なものであるのかを論理的に示した。

　すなわち，「さらに，現時点で，固定的ならびに可変的な生産要素がどれだけ利用されるかということは，現時点でなされる投資の大きさによって大きく

左右される。ところが，現時点における投資は，経営者たちが将来の市場的諸条件—価格水準，賃金水準，需要の大きさ，代替的生産物ないしは技術の存在など—に関してどのような期待をもつかということによって決まってくる」(同上：99)。では，期待はどのように形成されるのか。将来の市場的諸条件については，正確で客観的な知識をもっていない現時点ではその利用可能な情報をできるだけ効率的に利用して，将来の市場的諸条件にかんする期待は形成される。そしてこの期待にもとづいて，現時点における投資の性向，規模が決められることになる。

　以上から，宇沢は以下のように結論づける。「このような点からも，現時点において存在する固定的ならびに可変的生産要素がすべて利用されるという，いわゆる完全雇用の状態は如何に実現困難なものであるのかということが分かるであろう」(同上：99-100) と。

### 4) 不安定性

　ヴェブレンは，金融資産市場の不安定性についても指摘し，新古典派の市場の均衡を想定する立場とは大きな相違を示している。生産面からみた企業の実質的価値と，投機的動機に基づいて形成される株式市場における市場価格との乖離は，時として不安定的に拡大化され，加速度的に大きくなることが起こりうるというのがヴェブレンの見解である。

　その理由は以下のとおりである。金融資産市場の発達は，負債，株式のもつ流動性をいっそう高め，効率的な取引を可能にすることを意味している。しかしながら，「一方では，生産過程はますます固定化し，企業の実体面における固定性は高まる傾向をもつのに対し，他方では，企業の発行する負債についてはますます流動性が高められるような傾向をもつ。このような現象は現代資本主義のもっともきわ立った制度的特徴の一つであるが，このとき，金融資産市場において成立する市場価格は必ずしも，実質的価値を反映するものではなくなってしまって，人々が，市場価格の変動に対してもっている期待にもとづいて行われる投機的動機によって大きく左右されることとなる」(同上：99)。す

なわち，不安定性が増大するのである．

## 3. システム間の関係性から見る立場

　神野直彦は，トータルな社会システムを経済システム・社会システム・政治システムという3つのシステムにより成り立つものと考え，財政学者の立場から，こうしたシステム間の関係に安定的な影響を与える財政の特殊な役割を強調している．この立場からすれば，市場主義は財政の重要な役割を後退させるものとなる．トータルなシステムが歴史的に形成され，国により，時期により異なったシステムとなっている事実から神野は以下のように語る．

　「人間が人間社会をつくりだそうとする不断の努力，それが人間の歴史にほかならない．こうした人間の歴史から目をそむけ，暗き冬の訪れにおびえながら，夏時間から冬時間に時計の針を戻すように，歴史の時計の針を逆転させてはならない」（神野 2002：iv）ことを指摘し，警鐘を鳴らす．

　こうした歴史は，サスティナビリティと政治・経済・社会システムの関係を考察する場合にも有効なものとなる．近年では，個人，コミュニティ，企業，国，地球環境が直面する社会，経済，文化，自然・環境上の課題に対し，長期的な，その意味でサスティナビリティ（持続性）を重視する立場から，サスティナビリティのマネジメント（MOS，マネジメント・オブ・サスティナビリティ）についての研究が学際的，総合的に行われてきている．

　**図4.1**を参照されたい．この図に示されているように，神野は社会システムと経済システム，そして政治システム間の関係について以下のように説明する．

　財政は，工業社会では，社会システムを保護する公共サービスと，経済システムを支援する公共サービスを提供する．社会システムは，要素市場を通じて労働サービスを供給し，そのかわりに経済システムから生産物を購入して人間の生活を営んでいる．

　ところが，「知識社会になると，財政が社会システムに供給する公共サービスが，社会システムを保護するだけでなく，社会システムの機能を活性化させる機能が加わる．社会システムが活性化すると，それが社会資本となって，財

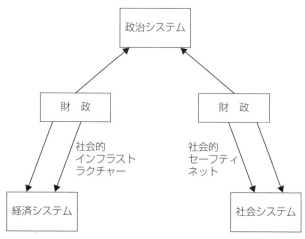

**図 4.1　政治システム・経済システム・社会システム図**
(出所) 神野直彦 (2002)『人間回復の経済学』岩波書店, p.125 を一部修正

政が経済システムを支援する公共サービスとも融合して,経済システムも活性化するからである。」[4] (神野 2002：126)

　また,神野は政治システムと社会システムとの関係について触れ,政治システムが決して経済システムの活性化の実を目的とするものではなく,社会システムを活性化し,知識社会を構築することを目的としているとする。

　「もっとも,政治システムが社会システムを活性化させようとするのは,経済システムを活性化させるためだけではない。社会システムを活性化させる目的は,社会システムで営まれる人間の生活をより人間的に活性化させることにある。つまり,知識社会とは人間そのものの生活を直接,活性化させることを追求できるようになった社会であり,経済システムの活性化はその結果にすぎないのである」(同上) と。

---

4) 神野は人間の創造力について以下のように語る。
　「人間の創造力は,抑圧からは生まれない。ブレーンストーミングのような自由な発想を生み出す組織が形成されていなければならない。そのためには,自己実現の欲求を充足できるようなフラット型の組織が必要なのである。」(神野 2002：126)

## ■ [参考] 神野直彦―社会総体 ■

神野直彦「社会総体―経済システム・社会システム・政治システム」
『人間回復の経済学』岩波書店，2002年より

　神野は，新古典派経済学について，直接的な生産・分配過程だけを経済だとみなして，トータルシステムとしての社会総体から切り離して考察するというその狭隘さを指摘している。その例証として財政学者ワグナーの主張を紹介し，ワグナーがホモ・エコノミクスの仮説を排し，人間に利己的動機，共同的動機，慈善的動機の3つの動機を見出し，これに対応する形で，人間の組織が個人主義的経済組織，共同経済組織，慈善的経済組織という3つの経済組織から成り，これらの組織により，社会が構成されているというその主張を示した。

　経済学の主流である新古典派経済学では，人間の経済がトータルシステムとしての社会総体によって支えられているという視点を見失っている。直接的な生産・分配過程だけを経済だとみなして，トータルシステムとしての社会総体から切り離して考察する。そのように考察対象を分析することによって，ホモ・エコノミクスという前提が成立すると主張している。

　財政学では，伝統的に，人間の動機を利己的動機にのみ限定していない。ワグナーもホモ・エコノミクスの仮説を排し，人間に利己的動機，共同的動機，慈善的動機の3つの動機を見出し，…3つの動機から…ワグナーは，個人主義的経済組織，共同経済組織，慈善的経済組織という3つの経済組織から社会が構成されていると考えている。(神野 2002：13)

　また，スウェーデン政府の主張も交えて社会資本とは相互信頼，共同価値，連帯そして市民精神の問題であるとした。

　スウェーデン政府も，企業振興にとって社会資本が決定的重要性をもつと強調している。…社会資本とは，相互信頼，共同価値，連帯そして市民精神の問題だという。

　知識社会の生産性を決定する要因が，個人の知的能力と，そうした知的能力を相互に与えあう人間のきずなである社会資本とから構成される知識資本だと

すれば，知識資本は政治システムが財政を通じて供給する公共サービスとともに，政治システムと社会システムの融合が重要な要素となる。というのも，社会システムの自発的協力こそが，政治システムが財政を通じて経済システムに供給する公共サービスの質を決定してしまうからである。(同上：125)

## 3 市場主義と地域

　人口の減少と高齢化（「少子高齢化」）は，地方のみならず東京などのいわゆる首都圏でも進行を続けている。「地方消滅」などという脅しにも似た言葉が「錦の御旗」宜しく独り歩きし，「地方創生」という地域の再編成の試みが進行してきているのが2014年から2016年の日本である。「地方消滅」などという事象は，政治システム，社会システムそして経済システムを有機的に結びつけて分析し，対応していけば，冷静な処方が生まれてくるはずである。
　自然のメカニズムに任せるという姿勢は市場主義にも通ずるものがある。地方を考えるにあたり，やはり市場主義との関連を整理しておくべきであろう。
　以下では，増田寛也らの「地方消滅　東京一極集中が招く人口急減」論，内橋克人の共生による新しい経済の始まり，そして小田切徳美の「農山村非消滅論」について紹介しておく。

### 1．地域という資源と「地方消滅」

　2014年は，「地方消滅」という言葉が注目を集め，2015年は「地方創生」という言葉が巷をにぎわせた。地域の再生や活性化によるサスティナビリティ（持続可能性）という願いの実現が全国を覆ってきている。これが意味するところは，宇沢の言うところの「社会的共通資本」が危機に直面しているということでもある。ここでは，この点をいま少し見てみることにする。
　2014年に出版された増田寛也著『地方消滅　東京一極集中が招く人口急減』（中公新書）は，多くの自治体にショックを与えた。少子化の進行のみならず，

高齢者も減っていく結果,「日本の街が,地方の小さな自治体から順繰りに"消えて"いく」という指摘は,東京一極集中が首都圏以外の地方を消滅させ,また,大東京もサスティナビリティという点で,出産適齢期の女性の少ない都市では同様の危機を迎えるという指摘である[5]。

> ■ [参考] 増田寛也　地方消滅 ■
>
> 増田寛也『地方消滅　東京一極集中が招く人口急減』中央公論新社,2014年より
>
> JR東日本とトヨタだけが知っている
> 増田　2013年3月に,国立社会保障・人口問題研究所(社人研)の「日本の地域別将来推計人口」が出ました。一読すれば,日本の人口減少が本格化し,加速度的に進行していくことが明白なのですが,多くの人はまだ「ああ,相変わらず少子高齢化が続くんだな」ぐらいの認識なんですね。地方政治に関わり,人口減少の怖さを体感している身としては,これは非常にまずいと感じました。社人研の報告に地方から大都市圏への人口移動を加味して,近未来の日本にどんなに恐ろしいことが起ころうとしているかを,分かりやすく提示しようというのが,レポート(『中央公論』2013年12月号掲載)を作った動機です。
> 藻谷　少子化の進行のみならず,高齢者も減っていく。その結果,日本の街が,地方の小さな自治体から順繰りに"消えて"いく。
> 増田　少なくとも政治のリーダーには,そうした事実を知ってもらわないといけないのですが,現実にはまともな分析もしていない。

---

5) 人口減少に伴い,内需の拡大に大きくは期待できない中で,地域経済を中長期的に持続可能なものにするためには,①地場の産業・ビジネスによる域外からの富の獲得,②地域における富の循環に寄与する産業・ビジネスや地域の課題を解決するビジネス,の2つが両輪として機能することが必要であり,中小企業・小規模事業者を始め,これら産業・ビジネスが中長期的に地域を支えていく産業構造を築くことが必要であるというのが政府の立場である。

　また,政府は,人口減少に伴い,まちづくりの在り方や地方中核都市やその周辺都市の機能の在り方に変化が訪れる可能性があり,道路や電力,ガス,工業用水等といったインフラの多くは,高度経済成長期以前にその基盤が築かれており,今後老朽化が進む可能性があることも指摘している。

藻谷　たとえば東京圏の生産年齢人口（15〜64歳）は2000年から減少しています。なのに，「もう10年以上も前から，東京の現役世代は減っています」という話をすると，みんな仰天する。ただ，私が行った企業の中でJR東日本とトヨタの方は「異変」に気づいていました。鉄道会社は定期券の売り上げで知る。トヨタは自前の販売網を持っていますから。(増田 2014：141-142)

**出生率が上がっても子どもの数は増えない**
増田　人口問題を語るとき，日本では出生率ばかりを問題にする。この点も伝えたかったポイントの一つです。出生率が低いから上げなければいけない，というのはその通りですが，そればかり見ていては，とんでもない思い違いをしてしまう。日本の合計特殊出生率は2005年に1.26まで落ちました。しかし，その後反転し，12年は1.41。このままいけば2まで回復し，フランスのように人口増に……。
増田　残念ながら，そんなシナリオは描けないわけです。なぜなら，肝心の出産適齢期の女性の数が急速に減っていくから。地方に行くと，私は「1970年ぐらいまで遡って，この地域の20歳代，30歳代の女性人口の推移を調べてみてください」と言うんです。いろいろな指標があるけれど，これが一番生々しく現実を理解できる。(同上：143-144)

## 2. 内橋克人の共生による新しい経済の始まり

　内橋克人は，企業が排除したムダ，ムリ，ムラは，一方で日本製品の国際競争力を強くしたが，他方で，ムダ，ムリ，ムラの排除という価値観が至上のものとして，社会へ，教育へと移し植えられ，企業社会の望みだったムダ，ムリ，ムラのない人間だけが再生産され，人の心からゆとりが消えてゆき，個性は異端となったとしている。また，都市や人口の一極集中が生まれ，日本列島に過密と過疎のムラを残した。これが地方消滅の正体なのである。
　「「企業」一元化社会で「教育」もまた偏差値という，一元的な価値観に染め上げられた。企業は合理性，効率性を極限まで追いもとめ，工場からムダ，ムリ，ムラのいっさいを徹底排除した。」(内橋 1996：251)

そして，人間観をも変えたのである。「長い時間にわたって続けられたこの効率的ものづくりのあり方は，都市や人口の一極集中を生み，日本列島に過密と過疎のムラを残した。偏差値価値観に凝り固まった人間ランキングは，人びとの生活から均衡のとれたモノの考え方を奪い，子供たちにも両親にも，無理のない生き方を強要している。量産効果追求の企業行動は，資源の大量廃棄というムダの上に成り立ち，使い捨ての人間観を植えつけた。」（同上：252）
　内橋は人が「よく生きる」には何が必要だろうか？と問う。そして，それは「考えることだ」と福武總一郎の言葉を引く。そして，内橋は「経営者とは，人びとに「考える場」を提供する人間のことだ。」（同上：253）と考えたのである。

## 3．小田切徳美の「農山村非消滅論」

　増田らの「地方消滅論」に対し，「農山村は消滅しない」という論陣を張っているのが，明治大学農学部教授の小田切徳美である。小田切は，経済成長の過程で，農山村の奥深くまでにも人々の価値観の単一化が浸透し，「東京化」志向が生まれ，国内ではある程度の規模の都市はどこでも「ミニ東京化」した。こうした中で，小田切は3つの柱を地域づくりにおいて重要視している。ひとつは暮らしのものさしづくり，2つは暮らしの仕組みづくり，そして3つはカネとその循環づくりである。
　自らの暮らしをめぐる独自の価値観の再構築が，農山村を含む地域づくりの取り組みの中ではとくに必要で，これが「暮らしのものさしづくり」である。「誇りの空洞化」は，豊かな自然環境や濃密な人間関係があたかも「時代に乗り遅れたことの象徴」とされ，地域の個性さえも削り取るべき対象とされる状況の中で生まれた。しかし，「東京一極集中」とは別の，地域独自の暮らしの仕組みづくりやカネとその循環──いわゆる，小さな所得循環──を構築していくことが地方・地域という「資源」のサスティナビリティを保証していくものと理解することが可能であると小田切は主張する。
　その際，小田切は，「カリスマ型リーダーモデル」から，多くの人が担える「リーダー群モデル」への転換を強調している。「人」の問題は，実は地域住民全

体の問題なのであり，希少な資源なのである。

　3つの柱の実現条件を持続的に満たしていけば，農山村は消滅しないのであり，こうした条件を満たし続けるには，効率重視の市場主義だけでは難しいとするのである。

---

**■ ［参考］小田切徳美―農山村非消滅論と人の問題 ■**

小田切徳美「農山村非消滅論」『農山村は消滅しない』岩波書店，2015年より

　「地域づくりの三つの柱―暮らしのものさし」
　小田切は，地域づくりの三つの柱として，「暮らしのものさしづくり」「暮らしの仕組みづくり」「カネとその循環づくり」を挙げている（小田切 2015：71-76）。
　また，神野の主張と重なる所でもあるが，リーダー群モデルというフラット型のリーダー群の重要性も指摘している。

　「カリスマ型リーダーモデル」から，多くの人が担える「リーダー群モデル」への転換である。そのため，「人」の問題は，実は地域住民全体の問題であると考えられる。……
　しかし，その地域に住み続けることを支える価値観は，何もせずに形成されるものではない。経済成長の過程で，農山村の奥深くにも都市志向が広がった我が国では，特に困難な問題であろう。……国内ではある程度の規模の都市はどこでも「ミニ東京化」し，そこに地域の個性を見ることは難しい。それだけ，人々の価値観が単一化して，「東京化」志向が生まれたからであろう。
　このような状況の下では，豊かな自然環境や濃密な人間関係は，あたかも時代に乗り遅れたことの象徴とされることがあり，そして地域の個性さえも削り取るべき対象とされることもあった。「誇りの空洞化」はこの過程で生まれたのであろう。そのため，自らの暮らしをめぐる独自の価値観の再構築が，農山村を含む地域づくりの取り組みの中では特に必要とされている。　　　（同上：72-73）

　例えば，地域の歴史・文化，自然をはじめとして，より具体的には郷土料理，

> 警官，住民の人情や絆に対する価値観である。これが，「暮らしのものさし」であり，その小さなものさしが，一つひとつ積み上げられる必要がある。　　（同上）

**引用・参考文献**
伊藤元重（1996）『市場主義』講談社
伊藤元重（2001）『入門　経済学（第2版）』日本評論社
池上惇（1994）『経済学への招待』有斐閣
宇沢弘文（1988）『経済学の考え方』岩波書店
内橋克人（1996）『共生の大地　新しい経済がはじまる』岩波書店
小田切徳美（2015）『農山村は消滅しない』岩波書店
神野直彦（2002）『人間回復の経済学』岩波書店
ガルブレイス，J. K.（2004）『ガルブレイス　わが人生を語る』日本経済新聞社
増田寛也編著（2014）『地方消滅　東京一極集中が招く人口急減』中央公論新社

# 第5章
# 消費者行動と消費需要

　ミクロ経済学では家計はその所得の範囲内で，自らの必要を満たすために財やサービスを購入する主体として想定される。言い換えれば，家計は財やサービスの購入のために自らに限定された所得をその供給者に配分する主体なのである。ただし，その目的は効用（utility）の最大化にあると考えられている。

　また，家計は，消費者ならびに生産者としても考えることができる。

　たとえば，家計は，財やサービスに対する市場の需要者として集団的行動を決定する。この場合，家計は消費者となる。家計は，財やサービスを生産する企業からそれらを購入し，家計の消費決定は財やサービスの価格を決定する市場に基づいている。他方で，家計は，源泉たる所得を得るために企業が用いる投入要素である労働力を提供する限りにおいて生産者とみなすことも可能となる。

　しかしながら，家計には所得の制約（income constraint）がある。家計は，所得を上限とする支払い能力以上に財やサービスを購入することはできない[1]。他方で，家計はその消費目的が効用の最大化（maximize utility）にあると想定されているため，もっとも高い効用を実現するであろう財やサービスの組合せ（market basket）を選択することで効用を最大化しなければならない。

---

1) 信用という形の借入れは将来の所得の先取りであり，「所得の制約」という本質を変えるものではない。

# 1 人間の行動と消費者（家計）行動

　消費者は人間の行動の経済的側面のみをとらえたひとつのモデルである。そこで，まず人間の行動と消費者の行動の関係をモデルを用いて表現してみよう。

　人間の行動の内容を $X_i$ とし，n 個の行動があるとすると，人間の行動は n 個の行動の関数として表現できる。

$$人間の行動 = f(X_i) = a_1 X_1 + a_2 X_2 + \cdots\cdots + a_{n-1} X_{n-1} + a_n X_n \quad (5.1)$$
$$(i = 1, 2, ..., n-1, n)$$

　これを〈モデル A〉と呼ぶことにする。
　〈モデル A〉は，人間の行動をすべて表現しているが，人間の行動を意識下の行動と無意識下の行動に区分し，消費行動を含む「意識下の行動」に注目すると，それは，「働く（労働の）場」と「生活の場」に分けることが可能である。さらに，「働く（労働の）場」が所得（賃金）を得る場であることを考えると，消費の場は「生活の場」となる。そこで，「生活（消費）の場」をさらに区分していくと，それは食べる，買い物，レジャー，教育，公共料金の支払いなどとなる。このうち，「食べる」に注目しても，「食べる」は内食（家庭内で主食，副食を含め，調理し，食べる），中食（主食は調理し，副食のみ買ってきて家庭内で食べる），外食（家庭外ですべて食べる）に分けることが可能で，その形態により食費は異なる。
　また，「買い物」も衣・食・住関係の支出などがあり，さまざまである。ただし，家計の住宅購入は投資（資産形成もしくはローンという負の貯蓄）であり，消費ではない。

$$人間の行動 = f(X_i) = \underline{意識下の行動} + 無意識下の行動 \quad (5.2)$$

$$ただし，\underline{意識下の行動} = 働く（労働の）場 + \underline{生活（消費）の場}$$

ただし，生活（消費）の場＝食べる＋買い物＋レジャー＋教育＋…
ただし，食べる＝内食＋中食＋外食
ただし，買い物＝衣＋食＋住

また，消費活動も財の性格にしたがって，

$$消費 = 財（有形財＋サービス）$$
$$= 必需財＋奢侈財 \quad (5.3)$$

などに区分することが可能となる。そして，こうした区分をすべて〈モデル A〉に組み込むと〈モデル B〉のような形となる。

〈モデル B〉
人間の行動＝f(Xi)＝意識下の行動＋無意識下の行動
$$= 働く（労働の）場＋生活（消費）の場＋無意識下の行動$$
$$= 働く（労働の）場＋食べる＋買い物＋レジャー＋教育$$
$$+ \cdots +無意識下の行動$$
$$= X_1（働く（労働の）場）＋ X_2（《内食＋中食＋外食》）$$
$$+ X_3（衣食住）＋ X_4（レジャー）＋ X_5（教育）\cdots$$
$$+ X_n（無意識下の行動） \quad (5.4)$$

**問題**

あなたの消費者としてのモデルは，どのような消費行動により表現できるであろうか？　下線部に消費行動名を5つ当てはめてみよう。

〈**Your own model** ＝モデル C〉
人間の行動 ＝ f(Xi) ＝ $a_1 X_1 + a_2 X_2 + \cdots\cdots + a_{n-1}X_{n-1} + a_n X_n$
あなたの行動；$X_1$ ＝ ＿＿＿＿＿＿＿＿＿＿
　　　　　　　$X_2$ ＝ ＿＿＿＿＿＿＿＿＿＿

$X_3 =$ _____
$X_4 =$ _____
$X_5 =$ _____

## ■［参考］選択理論の一般性と主観性■

置塩信雄『近代経済学批判』有斐閣，1976年より

　「近代経済学」の基礎が選択理論に基礎をおく交換論にあることを明確に示したのが，置塩信雄である。いわゆるマクロ経済学（巨視的理論）やその一部を構成する動学的理論もその例外ではない（置塩　1976：46）。「経済を社会存続の基礎としての二重の再生産と理解せずに，たんに人間の意欲と外界自然の調和を目的とするものと考える立場から，近代経済学の基礎原理としての選択理論が生まれる。ここで，選択理論というのは，広く一定の与えられた条件のもとで，最も効率的に目的をみたす仕方を示す理論である。」（同上：49）
　では，この広義の選択理論の特色はどのようなものであろうか。置塩は２つの点を指摘する。選択理論の第一の特色は，きわめて一般的な適用範囲をもった理論であり，無内容なものともなるという点であり，第二の特色は，主観的であるということである。
　以下，それぞれについて今少し，詳しく紹介しておく。
　第一の一般性については，「これは，ロビンソン・クルーソーにも，交換が支配的な生活様式になっている社会の人々の行動決定にも用いることができる。また，これは資本家，地主，労働者のいずれにも適用できる。さらに，なんら経済にも関係のないものにまで用いうる。」（同上：50）
　では，この一般性は経済学の基礎原理としての選択理論にとって何を意味するのであろうか？　置塩は続ける。「人間がいかなる社会に，いかなる生活領域においても，ほぼ選択理論の示すような行動決定の形式をもつであろうことは分かる。しかし経済学にとって重要な問題は，選択という形式ではなく，なぜあの社会では，あのような制限のもとに，あのような目的を極大化しようとしたのに，この社会では，このような制限なもとに，このような目的を極大化しようとするものであるかという内容である。…人々が選択する前に，かれらが

入りこんでいる社会関係の分析が重要である。それによって選択の内容の必然性が理解できる。…したがって、形式的一般性ということは選択理論の経済学の基礎理論としての優秀性を示すものではなく、その無内容を示すか、特定の条件と目的が自明のものとして前提されているときには、その無批判性を示す。ここに批判というのは、倫理的な批判をいうのではない。批判的に物事を考えるということは、その物事の外面性の記述に止まらず、その根拠から理解するということである。」(同上：51)

また、選択理論の第二の特色である「著しく主観的であるということ」については、「これは、選択理論の問題の立て方からの当然の帰結である。一定の条件と目的が与えられたとき最善の手段をえらぶ。ただ、それだけのことであるのに、選択理論から客観的なものについて規定を描き出そうとする。それが選択理論の主観的解釈であることは明白である。」(同上：51)という。

そして、選択理論に基礎をおく交換論の性格についても、置塩は選択理論と同様2つの点を指摘する。

選択理論に基礎をおく交換論の第一の特色はきわめて一般的であることであり、「労働生産物であろうとなかろうと、すべての財の交換を論じうることはもちろん、サービスなどの無形財をも取り扱える。」(同上：53)

また、第二の特色である主観性については、「均衡状態において交換の当事者は、それぞれ与えられた条件の下で最も満足すべき交換を行っている。しかし、各当事者が与えられた条件の下で主観的にもっとも満足な交換を行っているということと、この状態において客観的な物的再生産が順当に行われているということとはまったく別のことである。そうである場合もあるし、ない場合もある。もし物的再生産が阻害されているような場合にはこの均衡状態はやぶれて、したがって価格は変化してゆかなくてはならない。」(同上：55)

## 2 消費行動と「効用」と「無差別曲線」

### ① 効用（Utility）

効用（utility）は，消費者が財やサービスの消費により得る主観的満足度（消費者の満足の度合い）のことであるが，消費者は財やサービスのさまざまな組合せによりその測定が可能であり，それゆえ，最も高い総効用（Total Utility, TU）を得るための所得の配分を決定できるとみなすのである。

### ② 基数的効用（Cardinal utility, CU）

個々の消費者が「この財が他の財の2倍（あるいは n 倍）好きである」等の形で財やサービスの効用の絶対尺度を測ることができる効用を基数的効用という。

ただし，自分と他者の効用の共通単位は存在しないので，他の人に対しこうした言い方（言明）はできない。

### ③ 序数的効用（Ordinal utility, OU）

財やマーケット・バスケット間の消費者の選好順位のみを測定するのが序数的効用である。選好順位は，「これが一番好きで，次がこれ，その次はこれ……」というような言い方で可能となる。

### ④ 限界効用（Marginal utility, MU）

限界効用とは，他の消費を一定にした場合に，ある財1単位のみを追加消費することにより得られる追加的効用のことである。

### ⑤ 無差別曲線（Indifference curves, IC）

無差別曲線は消費者の行動や選択を表現するものであり，無差別曲線は2財の組合せを示すモデルである。前提として，他の条件が一定であること，合理的経済人，完全情報の仮定がおかれている。

図5.1にあるように，各無差別曲線は同一の効用にしたがう第1財と第2財の組合せを示す。点 L は財1が $A_1$，財2が $B_1$ の組合せであることを示し，点 N は，財1が $A_2$，財2が $B_2$ の組合せであることを示す。各財の量は異なるがその効用は同一であることを示している。すなわち同じ曲線上のすべての組合せは等しい効用を示すので，現実の消費は無差別—どれを選んでも同じ効果—

である。すなわち，同じ等高線上にある2点（たとえば，LとN）は消費者にとって同じ効用を与えるので，この2点は無差別であるといい，等高線は無差別曲線と呼ばれるのである。

その形状は原点に向かって凸となっている。

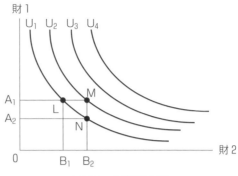

**図 5.1　無差別曲線**

各無差別曲線は総効用の異なる水準を示す。すなわち，原点から遠い無差別曲線ほど総効用が高いことを示す。図中では，$U_1$ よりも $U_2$ の方が総効用が高く，また，$U_2$ よりも $U_3$ の方が総効用が高く，さらに $U_3$ よりも $U_4$ の方が総効用が高いことを示している。

というのは，無差別曲線は，少なくともひとつの財の量が増加し，他の財の量が減少しないならば，効用水準は上昇するとみなす（⇒右にシフト）からである。図5.1の点Mの効用は点Lや点Mよりも大きい。また，無差別曲線は原点に対して強く凸となっており，軸に近い方の組合せではなく，各財の消費を平均化する点の方が高い効用を与える。

⑥ **効用最大化（Utility maximization）**

他の条件が一定であること，合理的経済人，完全情報の仮定を前提とすると無差別曲線を用いて，効用の最大化が実現する2財の組合せを示すことができる。

消費者は，その所得の源泉は別にしても，ある時点においては，一定の所得を踏まえてその使い道（配分）を考える。この一定の所得は消費者にとり，制約になっており，**予算制約（Budget constraint）** とよばれる。また，消費者の財の購入においては，財の価格は与えられている――これを**所与（given）**という――とする。

いま2つの財の間の選択を考えるが，所与である所得を $y$，財1の価格を $p_1$，財2の価格を $p_2$，財1の購入数量を $q_1$，財2の購入数量を $q_2$ とすると，

消費者の2つの財の選択の結果得られる所得と購入額のバランスは次式で示すことができる。

所得 (y) ＝財1の価格 ($p_1$)×財1の購入数量 ($q_1$)
　　　　　＋財2の価格 ($p_2$)×財2の購入数量 ($q_2$)

すなわち，

$$y = p_1 \times q_1 + p_2 \times q_2 \tag{5.5}$$

となる。

　この予算制約式は消費者の限定された所得のもとでの財1と財2のすべての組合せを示している。もちろん，予算制約式の位置は財1と財2の価格に依存している。財2を買わず（$q_2 = 0$），財1のみ $A_1$ 購入する場合には図5.2の $A_1$ の購入量を示す点Rとなる。Rは座標で示すとR (0, $A_1$) となる。反対に，財1を買わず（$q_1 = 0$），財2のみを $B_1$ 購入する場合にはその購入量 $B_1$ を示す点Sとなる。Sは座標で示すとS (B1, 0) となる。予算制約式上の他の点は財1と財2のさまざまな組合せを示している。たとえば，点Lの場合，財1は $A_L$，財2は $B_L$ の購入数量となる。また，点Mの場合には，財1は $A_M$，財2は $B_M$ の購入数量となる。

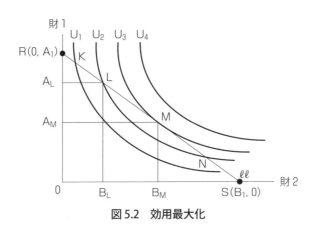

図5.2　効用最大化

それでは，効用を最大化するケースとはどのような場合であろうか。

消費者は予算制約のもと，原点から最も離れた—すなわち，最も効用の高い—無差別曲線と予算制約式の接点での組合せで効用を最大化する。

図中では無差別曲線 $U_3$ が効用を最大化する。予算制約式は点 M で無差別曲線 $U_3$ に接する。このとき，財 1 の購入量は $A_M$，財 2 の購入数量は $B_M$ である。

予算制約式上の他の点は，他の無差別曲線 $U_1$ や $U_2$ と交差し，交点をもつが，いずれも点 M に比べ，効用は低くなっている。したがって，点 M で効用が最大化していることがわかる。

このことを別の形で表現すると，次のようになる。

効用を最大化するには，消費者は支出する貨幣 1 単位（たとえば 1 円）あたりの限界効用が消費されるすべての財やサービスに対して同一となるように所得を配分すればよい。すなわち，財 X の限界効用を $MU_X$，その価格を $P_X$，また，財 Y の限界効用を $MU_Y$，その価格を $P_Y$，財 Z の限界効用を $MU_Z$，その価格を $P_Z$ とすると，

$$MU_X/P_X = MU_Y/P_Y = MU_Z/P_Z, \cdots \qquad (5.6)$$

とすればよい。

⑦ **限界代替率（Marginal rate of substitution, MRS）**

限界代替率は 2 つの異なる財の限界効用の割合を比べた比率である。いま 2 つの財の財 1 と財 2 を例に考えてみよう。

限界代替率は第 1 財 1 単位と第 2 財の何単位を同等に評価するのかを示すものである。あるいは，第 1 財 1 単位を第 2 財の量で評価すると何単位になるのかを示すものであり，第 2 財で測った第 1 財の主観的価値，すなわち，「主観的交換比率」と呼ぶことができる。

また，限界代替率 MRS は，

$$\text{限界代替率 MRS}_{12} = \frac{\text{第1財の限界効用 MU}_1}{\text{第2財の限界効用 MU}_2} \tag{5.7}$$

となる。

　原点に対して凸の無差別曲線では，第1財を減らして第2財を増やす，すなわち，無差別曲線を右に移動するにつれ（図5.2における点K→L→M→Nの移動），接線の傾きは次第に緩やかになっていく。このことは，限界代替率MRSが次第に小さくなっていくこと――これを**逓減**する（**diminishing**）という――を示しているが，この傾向を**限界代替率逓減の法則**という（図5.2参照）。

　ところで，この限界代替率を用いて，効用最大化の条件を書き直してみよう。効用最大化の条件は $MU_1/P_1 = MU_2/P_2 = MU_3/P_3, \cdots$ であるが，最初の等式，

$$MU_1/P_1 = MU_2/P_2 \tag{5.8}$$

は，変形すると，

$$MU_1/MU_2 = P_1/P_2$$

となる。

　ここで，(5.7)式より，

$$MU_1/MU_2 = MRS_{12}$$

であるから，効用最大化の条件は，

$$MRS_{12} = P_1/P_2 \tag{5.9}$$

となる。

　もし，第1財の価格 $P_1$ が第2財の価格 $P_2$ の4倍であるとすれば，価格比 $P_1/P_2$ は4となる。このことは，効用を最大化するには限界代替率 $MRS_{12}$ が4となることが必要であり，第1財の限界効用 $MU_1$ が第2財の限界効用 $MU_2$

の 4 倍となることを意味している。

# 3 消費需要

## 1. 2つの需要

　消費者の需要には潜在需要と有効需要がある。潜在需要 (Potential demand) とは消費者のもつ財へのニーズ（欲求）である。しかしながら、このニーズは所得という裏づけがなければ、購買力のないたんなる欲望にとどまる。これに対し、もし所得に裏づけられたニーズであれば、これは購買力のある需要となる。この購買力のある需要を有効需要 (Effective demand) という。

　また、企業の立場に立つと、個別の財の価格のみならず、自ら供給する財の総売上や利潤が関心事となる。企業は、自ら投資した資金を財の販売により回収し、手元に利潤を残し、これを再び投資に振り向けるという意思決定を繰り返し、また、事業や企業の継続をはかるからである。

　また、特定の財の供給企業は通常ひとつではなく複数存在している、ある財の供給を行っている企業全体の売上高すなわち、業界の総売上高を市場規模 (Market scale) という。これは、この特定の財に対する総需要でもある。

## 2. 需要に影響を与える要因

　企業の立場からすれば、将来の市場需要はある財 A に対する潜在的な売上総額であり、財の物量単位で計れば売上数量である。ここからわかるように、この売上総額は、財 A の価格、財の性質（希少性や機能など）、他財の価格、消費者の嗜好、消費者の所得、財 A の期待価格、企業の宣伝・広告費…など多くの要因で決まっていく。

　こうした要因 (Factor) を $Z_1, Z_2, Z_3, Z_4, Z_5, Z_6, Z_7$ とすると、

　　$Z_1$ = 財 A の価格

　　$Z_2$ = 財の性質（希少性や機能など）

　　$Z_3$ = 他財の価格

$Z_4$ = 消費者の嗜好

$Z_5$ = 消費者の所得

$Z_6$ = 財Aの期待価格

$Z_7$ = 企業の宣伝・広告費

となる。

したがって、関数の形で示せば次のようになる。

市場需要 $Q = f(Z_1, Z_2, Z_3, Z_4, Z_5, Z_6, Z_7)$

次に、図5.3を用いて線形の需要関数を考えてみることにする。

$$q = ap + b \quad (a < 0) \tag{5.10}$$

ここで、qは数量を、またpは価格を示す。

価格p=0のときq=bとなるが、これは横軸との切片bが、価格pがゼロのときの需要量であることを示す。また、逆に、需要量q=0のとき、価格は、$p = -b/a$ となる。また、係数aは需要曲線の傾きを示すが、$a < 0$ であり、価格と需要量が反対の動きを示していることがわかる。すなわち、価格pが高いほど需要qが減少し、逆に価格pが低いほど需要qが増加することを意味している（図5.3参照）。

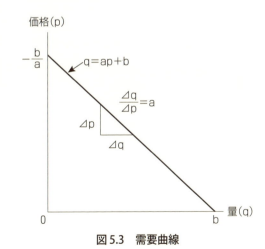

図5.3 需要曲線

## ■ 目で見て買うな，味を見て買え ■

辻嘉一『味のいろは歌留多』PHP研究所，1978年より

　料理家の故 辻嘉一は，「目で見て買うな，味をみて買え」という西洋のことわざを引用し，賢い家庭料理の材料購入，家計における無駄のない経済について語っている。

　無駄なく経済考えて
　家庭の料理は，料理屋の料理とは違い，精一杯心のこもった実質本位の料理です。三度の食事に変化をもたせながら，倦きないように工夫し，一家の健康を考えて作ります。それに，何といっても経済的でなければなりません。
　食費にはふんだんにお金をかける，というなら話は別ですが，限られた費用の中で経済的かつおいしいおかずをつくるのですから，主婦の苦労も並大抵のことではありません。しかしまた，それだけに腕のふるいようがあるともいえるでしょう。
　経済のことを考えるなら，まず旬の材料を選ぶことが先決です。前にも述べたとおり，味は食べざかりの頂点にあるわけですし，ものは豊富に出回っていますから，新鮮で質が良く，値の安いものが選べます。

　良い食材の入手自体のもつ経済合理性がここに示されているが辻氏は買物の重要性についてさらにつけ加えている。

　日本料理は材料の持ち味を生かすところに特徴があり，材料七分に調理が三分といわれるほど，材料のよしあしが料理の出来を左右します。いかに腕の良い料理人でも，材料が悪くては最善の料理は作れません。
　その点で，主婦の買物は重大です。ただ漫然と，行きあたりばったりに買っていては，不経済な買い物になってしまいます。
　……（中略）……買物というのは野菜にしても魚にしても，八百屋さんや魚屋さんを数件のぞき，店の人に品質をたずね，手に取ってたしかめてから買うべきものであります。その点，スーパーの場合はまったくのお仕着せで，他に選

> びようがないのですから困ります。主婦の買物をする態度にも真剣みが欠けてきているように思われます。西洋には「目で見て買うな，味を見て買え」ということわざがあるそうですが，料理の材料を買うときにも一つ一つ品質をたしかめて買う位の気の入れ方は必要です。
> ……京都では，三里四方で取れたものを食べれば健康間違いなし，といっています。住んでいる土地でできたものなら新鮮だ，ということであります。
>
> しかし，良い食材を入手できたことは料理のでき，すなわち，美味しい料理の必要条件が満たされたことを示すにすぎない。美味しい料理の十分条件は何なのだろうか？
>
> （引用出所　辻嘉一　1978：129-131）

## 3. 需要の価格弾力性

　弾力性（elasticity）とは，ある変数の1％の変化が他の変数の何％の変化を与えるのかをはかる測度（measure）である。分母と分子が％を単位として測られる比率（ratio）であるから，弾力性の単位は単位がなく，無名数となる。経済学には需要の価格弾力性（Price elasticity of demand）や供給の価格弾力性（Price elasticity of supply），さらには需要の所得弾力性（Income elasticity of demand）という3つの弾力性があるが，ここではまず需要の価格弾力性について説明する。

　需要の価格弾力性は，ある財の価格1％の変化に対し，その需要が何％変化するのかを示す比率である。もし，分母に価格ではなく，消費者の所得をとれば需要の所得弾力性を，ライバル企業の価格をとれば需要の「ライバル企業価格」に対する弾力性を示すものとなる。

　需要の価格弾力性は(5.11)式，(5.12)式のように，分母にその財の価格をとり，製品価格の変化率（％）に対する需要の変化率（％）の比で計算されるが，それは需要曲線上のある点における弾力性に等しくなる。英語では point price elasticity of demand と呼ばれる。

$$\text{需要の価格弾力性}\ \varepsilon = \frac{\text{需要の変化率(\%)}}{\text{製品価格の変化率(\%)}} \tag{5.11}$$

$$\varepsilon = \frac{\varDelta q/q}{\varDelta p/p} = \frac{\varDelta q}{\varDelta p} \cdot \frac{p}{q} \tag{5.12}$$

ここに，$\varepsilon$（イプシロン）は需要の価格弾力性を，$\varDelta p$ は価格の変化分を，$\varDelta q$ は需要の変化分を示す。

需要の価格弾力性 $\varepsilon$ はギッフェン財（Giffen goods）[2] を除くと，つねに負（−, negative value）となる。というのは，需要曲線が負の傾きをもつからである。しかしながら，経済学ではこの需要の価格弾力性を正値（＋, positive）として語る。

すなわち，

$$\varepsilon = \left|\frac{\varDelta q/q}{\varDelta p/p}\right| = \left|\frac{\varDelta q}{\varDelta p} \cdot \frac{p}{q}\right| \tag{5.12'}$$

とみなして説明するのである。

いま，(5.10)式 $q = ap + b\ (a < 0)$ において，$a = -1$，$b = 4$ とすると，**図**5.4における点 M(2, 2) での価格弾力性はどのような値をとるであろうか？

需要曲線の傾きは $a = -1\ (= p/q)$ で，

$$p/q = 2/2 = 1$$

である。

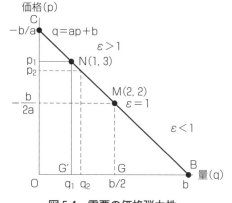

**図5.4　需要の価格弾力性 $\varepsilon$**

---

2) ギッフェン財とは，価格と需要が同方向に変化する財のことである。詳しくは，p.110 参照。

そこで,

$$\varepsilon = \left| \frac{\Delta q}{\Delta p} \cdot \frac{p}{q} \right| = |-1 \cdot 1| = 1$$

この状態は，基準弾力的と呼ばれる。

需要曲線上の点 M から X (横) 軸に垂線を下ろし，その足を G とすると，G が OC を内分する比で価格弾力性の値が決まってくる。この結果，いま確認したように線分 BC 上の中点 M では価格弾力性 $\varepsilon$ が 1，M の右側では価格弾力性 $\varepsilon$ が 1 より小さく，M の左側で価格弾力性 $\varepsilon$ は 1 より大きくなる。

たとえば，点 N (1, 3) での価格弾力性は，$\Delta p / \Delta q = -1$, $p/q = 3/1 = 3$

よって，$\varepsilon = \left| \frac{\Delta q}{\Delta p} \cdot \frac{p}{q} \right| = |-1 \cdot 3| = 3$ となり，弾力的となる。

以上をまとめると，次のようになる。

---

**まとめ　需要の価格弾力性**

| | |
|---|---|
| 完全弾力的もしくは無限弾力的 | $\varepsilon > \infty$　(無限) |
| 弾力的 | $\infty > \varepsilon > 1$　(無限ではないが 1 より大) |
| 基準弾力的 | $\varepsilon = 1$ |
| 非弾力的 | $0 < \varepsilon < 1$　(ゼロより大きく 1 より小) |
| 完全非弾力的 | $\varepsilon = 0$　(ゼロ) |

---

## 4. 需要と総収入

需要曲線を用いた需要分析，需要の価格弾力性概念から，価格の変化が需要に影響を与えることがわかった。この需要量は供給側の企業からすれば販売量であり，販売量と価格の積は**総収入** (総売上，Total revenue, TR) となる。

価格 p は，需要曲線 $q = ap + b$ $(a < 0)$ (5.10) 式から，以下となる。

$$p = (q - b) / a \tag{5.13}$$

したがって，総収入 TR は，

$$\begin{aligned} TR &= p \times q \\ &= (q-b)/a \times q \\ &= q^2/a - bq/a \end{aligned} \quad (5.14)$$

となる。

また，販売量 q を 1 単位増加したときの収入（売上）の増加分は**限界収入**（Marginal revenue, **MR**）と呼ばれるが，この限界収入 MR は，総収入 TR を q について微分すると得られる。

(5.14) 式より，

$$MR = \Delta TR/\Delta q = (2q-b)/a \quad (5.15)$$

こうした，限界収入 MR，需要の価格弾力性 $\varepsilon$，総収入 TR などを数値例で考えてみることにする。

表5.1 需要の価格弾力性 $\varepsilon$，総収入 TR，限界収入 MR の数値例

| (1) q 需要量 (個) | (2) p 価格 (円) | (3) 1.5 × p (円) | (4) p/q = (2)/(1) (円/個) | (5) \|Δq/Δp\| (個/円) | (6) 価格弾力性 $\varepsilon$ = (4) × (5) | (7) TR 総収入 (千円) | (8) MR 限界収入 (円) |
|---|---|---|---|---|---|---|---|
| 0 | 20,000 | 30,000 | — | 1.5 | 0.00 | 0 | 20,000 |
| 1,500 | 19,000 | 28,500 | 12.67 | 1.5 | 19.01 | 28,500 | 18,000 |
| 3,000 | 18,000 | 27,000 | 6.00 | 1.5 | 9.00 | 54,000 | 16,000 |
| 7,500 | 15,000 | 22,500 | 2.00 | 1.5 | 3.00 | 112,500 | 10,000 |
| 12,000 | 12,000 | 18,000 | 1.00 | 1.5 | 1.50 | 144,000 | 4,000 |
| 15,000 | 10,000 | 15,000 | 0.67 | 1.5 | 1.00 | 150,000 | 0 |
| 18,750 | 7,500 | 11,250 | 0.40 | 1.5 | 0.60 | 140,625 | −5,000 |
| 22,500 | 5,000 | 7,500 | 0.22 | 1.5 | 0.33 | 112,500 | −10,000 |
| 25,500 | 3,000 | 4,500 | 0.12 | 1.5 | 0.18 | 76,500 | −14,000 |
| 28,500 | 1,000 | 1,500 | 0.04 | 1.5 | 0.06 | 28,500 | −18,000 |
| 30,000 | 0 | 0 | 0.00 | 1.5 | 0.00 | 0 | −20,000 |

注) 1. 需要曲線を q = −1.5p + 30,000 とする
    2. 限界収入 MR = p (1 + 1/$\varepsilon$)

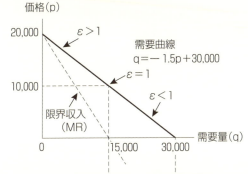

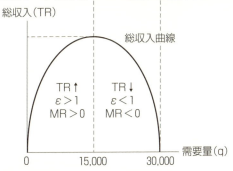

図 5.5 (a) 需要の価格弾力性 ε と (b) 総収入 TR,限界収入 MR の関係

いま,需要曲線を $q = -1.5p + 30{,}000$ とすると,**表 5.1** のような値となり,これを図示すると**図 5.5** のようになる。

## 4　需要の所得弾力性と正常財(上級財)・劣等財(下級財)

消費者の所得の変化は財に対する需要の変化に影響を与えないのであろうか？ たとえば,消費者の所得の増加は,従来の所得のもとで購入した財の組合せと同じであろうか？

一般に消費者の所得が上昇すれば,多くの財に対する需要は増加するであろ

う。この所得の変化（増加・減少）に対する需要の反応を計測するために用いられるのが**需要の所得弾力性**（Income elasticity of demand）であり，記号 $\varepsilon_y$ と表すことにする。

すなわち，

$$需要の所得弾力性\varepsilon_y = \frac{需要の変化率（\%）}{所得の変化率（\%）} \tag{5.16}$$

$$= \frac{\Delta q/q}{\Delta y/y} = (\Delta q/\Delta y)\cdot(y/q) \tag{5.17}$$

ここで，q は需要を，また y は可処分所得（disposable income，所得から税金などのやむをえない支出を差し引いた額）を示す。

## 1. 需要の所得弾力性，エンゲル曲線と財の分類

所得 y を縦軸に，また財の量 q を横軸にとった曲線を**エンゲル曲線**と呼ぶ（図 5.6 参照）。いわゆるエンゲル係数は，家計の消費支出（可処分所得）のうち食費という必要不可欠な支出分 $y_1$ がどのような割合を占めているのか示すものである。

$$エンゲル係数 = \frac{食費}{可処分所得}$$

消費者の所得が上昇したとき，ある財への需要が増加した場合，その財の需要の所得弾力性 $\varepsilon_y$ はプラス（+，positive）となる。しかしながら，弾力性は分母子の値の伸び率の比率として計算されるので，仮に分母の所得が上昇し，その結果，需要が上昇しても，需

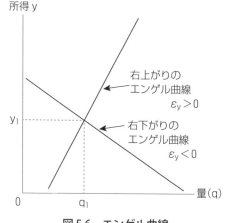

図 5.6　エンゲル曲線

要の伸び率（$\Delta q/q$）が所得の伸び率（$\Delta y/y$）ほどではない場合，需要の所得弾力性 $\varepsilon_y$ はゼロと1の間の値をとることになる（$0 < \varepsilon_y < 1$）。言い方を換えれば，需要の所得弾力性が $0 < \varepsilon_y < 1$ の場合には，伸び率で考えると，需要の増加はあってもその需要の増加は所得の増加には及ばないということである。こうした，需要の所得弾力性が $0 < \varepsilon_y < 1$ にある財は**正常財**と呼ばれ，食料や衣服などがこれに該当する。

また，需要の所得弾力性 $\varepsilon_y$ が1以上（$\varepsilon_y > 1$）の場合には，需要の伸び率（$\Delta q/q$）が所得の伸び率（$\Delta y/y$）を上回ることになる。このような，需要の所得弾力性 $\varepsilon_y$ が1以上の財は**奢侈財**と呼ばれる。所得の伸び率以上に需要が伸びる弾力性の大きい財としては，宝石などの貴金属や高額の海外旅行そしてブランド品などが考えられる。所得が上昇すると消費者の潜在的な欲望が顕在化し，それはこうした奢侈財の購入に現れる。

正常財と奢侈財をあわせて**上級財**と呼ぶが，上級財とは所得の上昇にともない需要が増加する財である。需要の所得弾力性 $\varepsilon_y$ を用いれば，$0 < \varepsilon_y$ となる財である。

ところで，上級財とは反対に，所得の上昇にもかかわらず，需要が減少する財もある。需要の所得弾力性 $\varepsilon_y$ を用いれば，$0 > \varepsilon_y$ となる財である。こうした財は，**劣等財**ないし**下級財**と呼ばれる。同じ旅行でも所得の増加により，価格帯の低い宿泊先（たとえば，ユースホステル，アメリカでは Motel あるいは B&B）から価格帯の高い宿泊先（一般のホテルや高級ホテル）に変更する場合には，ユースホステル，Motel あるいは B&B は劣等財ということになる。

## 2. 経済発展と財の分類の変化

需要の所得弾力性 $\varepsilon_y$ は**図 5.7** のようにも表せる。図は縦軸が所得 y，横軸が需要 q であるが，所得 y が 0 から水準 $y_A$ までは需要の所得弾力性 $\varepsilon_y$ はプラスとなっており，所得 y の上昇にともない需要 q も増加していくが，水準 $y_A$ 以上になると，所得 y の増加が需要 q の増加を生まなくなる。この水準 $y_A$ では需要の所得弾力性 $\varepsilon_y$ は0（ゼロ）となっている。そして水準 $y_A$ を超えると，需

要の所得弾力性 $\varepsilon_y$ は0（ゼロ）未満のマイナスとなり，所得の上昇にともない需要は減少していくことになる。この需要の所得弾力性 $\varepsilon_y$ がマイナスとなる領域の財は劣等財（下級財）となる。

たとえば，砂糖などはこの劣等財（下級財）に該当するといわれている。わが国において砂糖製造が産業化されたのは1900年頃であり，北見のハッカ（薄荷）も同じ頃に産業化している。

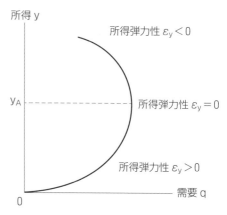

図5.7　需要の所得弾力性 $\varepsilon_y$ と正常財・劣等財

日本の消費者は高度経済成長期（1955～1970年）には砂糖を多く摂取したが，所得が上昇し，豊かになるにつれ—肥満対策をはじめとする健康等への配慮も加わり—，その消費量は減少していく傾向を示した。この場合，砂糖は劣等財（下級財）に該当する。

こうした劣等財（下級財）の考えは国際間の比較においても適用可能である。

たとえば発展途上国では，砂糖は正常財であり，他の条件が変わらなければ，豊かになるにつれ，砂糖の消費量は増加していく。これに対しアメリカやEUなどのいわゆる「先進国」では一人当たりの砂糖消費量はブラジルやメキシコなどの所得が中位の国（「中進国」と呼んでおく）よりも低くなっており，経済が発展して「先進国」になるにつれ，砂糖は劣等財（下級財）になっていくとされている。

また，たとえばジャガイモは紀元前7000年前からチリ，ペルーに住むインディオにとり重要な食材であったが，ヨーロッパにおいても同様であった。ヨーロッパの中世，12世紀は，農業技術の発達で食料生産が増加し，またギルドやハンザ同盟などの誕生もあり商工業が発展し都市の人口も増えた。こうした状況の中，1347年十字軍の兵士の乗る艦船でペスト菌による黒死病が発生した。黒死病（ペスト）はまたたくまにイタリア，フランス，スペイン，ドイ

ツに広まっていき，ついにはヨーロッパの全人口の半分（約5千万人）が死亡したと伝えられている。この黒死病は荘園制の崩壊など社会・経済さらには，キリスト教への懐疑とその権威の低下・喪失など，中世社会に大きな影響を与えたが，ジャガイモはペスト菌が17世紀にヨーロッパを襲った後の貴重な食料（農作物）であった。そのジャガイモの需要の所得弾力性 $\varepsilon_y$ は $-0.43$ で，パン需要の所得弾力性 $\varepsilon_y$ は $-10.18$ となっているとされている。この数値からみると，ジャガイモの方がパンよりも，所得の増加につれ，その需要量が減少していく割合が小さいこと，すなわち，所得の上昇があっても，消費量は所得の上昇ほど低下せず弾力性が小さく必需性を示していた。

---

**まとめ 需要の所得弾力性**

需要の所得弾力性 $\varepsilon_y$ ＝ 所得の1％の変化による需要の変化率（％）

① 所得弾力的（奢侈財，上級財）　　　1 より大（$\varepsilon_y > 1$）
　　（Income elastic）

② 所得非弾力的（正常財，上級財）　　1 より小ただしゼロより大
　　（Income inelastic）　　　　　　　　（$0 < \varepsilon_y < 1$）

③ 負の所得弾力的（劣等財，下級財）　ゼロより小（$\varepsilon_y < 0$）
　　（Negative income elastic）

---

## 5 代替効果と所得効果

　ミクロ経済学では，所得 y が所与（一定）の場合，消費者はその購入する財をその効用を最大にするように決めると想定していることはすでに説明した。それでは，2つの財を購入する場合には，どのような組み合わせを選択するのであろうか。

　ここでは，所得 y ―言い換えれば予算―が所与の下，2財の消費量を選択する場合に，一方の財の価格の変化が他方の財の需要（消費）に与える影響を考

第5章　消費者行動と消費需要　103

える。

その際,消費者の消費行動を表す予算制約式,所得消費曲線,エンゲル曲線,価格消費曲線などについてまず,説明をしておく。

## 1. 予算制約式

消費者の所得 y の源泉は,労働に対する報酬である賃金,自営業者であればその経営に係る報酬,また地主であれば地代・賃料等など多様であるが,その一定の所得を踏まえてその使いみちを考える。言うまでもなく,この一定の所得は消費者(家計)にとっては,ひとつの制約となっており,これを**予算制約**

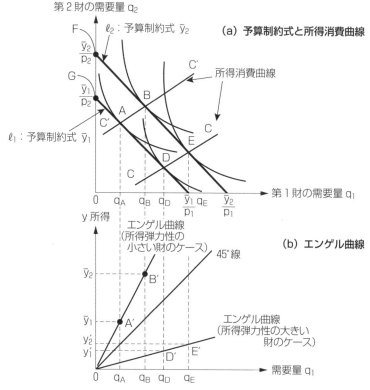

図 5.8 (a) 予算制約式・所得消費曲線と (b) エンゲル曲線

と呼ぶ。予算制約式については，すでに2節で述べているので，その定義のみ再掲していく。

2つの財の間の選択を考えるが，所与である所得を$\bar{y}$，財1の価格を$p_1$，財2の価格を$p_2$，財1の購入数量を$q_1$，財2の購入数量を$q_2$とすると，所得$\bar{y}$をすべて使い切る消費者の2つの財の選択の結果得られる所得と購入額のバランスは，

$$\bar{y} = p_1 \times q_1 + p_2 \times q_2 \tag{5.18}$$

（所得 = 財1の価格×財1の購入数量 + 財2の価格×財2の購入数量）

となる。

図5.8 (a) の$\ell_1$，$\ell_2$が予算制約式であるが，$\ell_2$のほうが$\ell_1$より所得が高くなっている。すなわち，$\bar{y}_1 < \bar{y}_2$となっており，原点より遠い方がより高い所得を示している。

## 2. 所得消費曲線

消費者の2つの財の間の選択，すなわち組合せは所得の変化とともに変わっていく。

所得の変化ごとの2財の組合せの変化は座標（$q_1, q_2$）を結ぶことにより把握できる。そして，この座標の軌跡をつなげたときにできる曲線は所得消費曲線と呼ばれる。図5.8 (a) 中では所得消費曲線はCCあるいはC'C'となる。

一般に，所得が上昇すると財の購入量は増加するが，すでに需要の所得弾力性$\varepsilon_y$のところで確認したように，需要の所得弾力性$\varepsilon_y$の違いにより，この購入量の組合せは異なってくる。

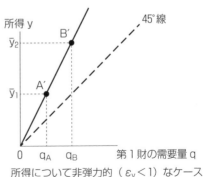

図5.9 エンゲル曲線

このとき，需要の所得弾力性 $\varepsilon_y$ に代えて，縦軸に所得 y をとりながら横軸に数量 q をとった曲線であるエンゲル曲線を用いて，購入量の変化を調べることができる。エンゲル曲線は所得 y の変化にともなう財 q の需要量の変化を示すからである。

たとえば，図 5.8 (b) において，所得弾力性 $\varepsilon_y$ の小さい財のケースでは，エンゲル曲線は図中の A'B' を通る傾きの大きな曲線となり，また，所得弾力性 $\varepsilon_y$ の大きい財のケースでは，エンゲル曲線は図中の D'E' を通る傾きの小さな曲線となる。

また，エンゲル曲線 ($\varepsilon_y < 1$) のみを描けば図 5.9 のようになる。

## 3. 価格消費曲線

2つの財の組み合わせを考える際に，所得 y と一方の財2の価格 $p_2$ は一定として，他方の財1の価格 $p_1$ のみが変化する場合，この変化する方の財1の需要 $q_1$ の軌跡を**価格消費曲線**という（図 5.10 参照）。図 5.10 の上段の図は，図 5.8 の上段の予算制約式と所得消費曲線であるが，これに対応した価格消費曲線が下段に示されている。

## 4. 代替効果と所得効果

価格消費曲線を用いると，価格の変化にともなう需要の組合せの変化（$q_1$, $q_2$）を調べることができる。重要なことは，価格の変化にともなう需要の変化が2つの効果（path）を通じて生じるということである。2つの効果とは**代替効果**（**Substitution effect**）と**所得効果**（**Income effect**）と呼ばれる。この分解は**スルツキー分解**といわれる。

代替効果とは相対価格（一方の財の価格と他方の財の価格の比，たとえば $p_2/p_1$）の変化による需要の変化を意味し，所得効果とは価格の変化による所得の実質的変化（たとえば $y/p_1$）に基づく需要の変化を意味する。

以下では，具体的に2つの財のうちの一方の財の価格のみが低下するとき，その低下が2つの財の需要（消費）に与える影響を考えることにする。

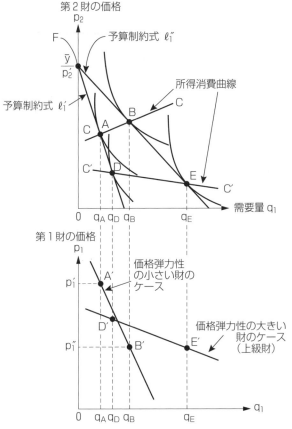

**図5.10　予算制約式と価格消費曲線**

### 1) 代替効果

　財1の価格 $p_1$ の低下は2つの意味をもつ。すなわち，①相対価格 $p_2/p_1$（第1財の価格 $p_1$ で測った第2財の価格）の上昇と②実質所得 $y/p_1$（価格 $p_1$ で測った $y/p_1$）の増加である。

　相対価格 $p_2/p_1$ の上昇は何を意味するのであろうか。いま，財1の単位を［円/個］とし，財2の単位を［円/本］としてみよう。このとき，相対価格 $p_2/p_1$ の単位は［円/本÷円/個］すなわち，［個/本］となる。財2の1本当たり，財

第5章　消費者行動と消費需要　107

1が何個交換できるのかを示すことがわかる。したがって，相対価格 $p_2/p_1$ の上昇は財2の1本当たりの財1の交換個数が増えることを意味する。機能的な代替という意味だけではなく，財1の価格低下に伴う財2の相対価格の上昇により財1と財2の需要シフトが起こるとすれば，これが代替効果である。

すなわち，〈$p_1$ の低下 → 相対価格 $p_2/p_1$ の上昇 → 財2の需要低下 → 財1の需要増加〉というメカニズムで生じる相対価格の変化によりもたらされる需要の変化を**代替効果**と呼ぶ。

### 2）所得効果

財1の価格 $p_1$ の低下は，名目所得 y が一定 $\bar{y}$ でも，実質所得 $\bar{y}/p_1$ を高めるので，上級財への需要は増加し，下級財の需要は減少する。こうした，〈$p_1$ の低下 → 実質所得（実質購買力 $\bar{y}/p_1$）の上昇 → 財1と財2の需要の変化〉によりもたらされる需要の変化を**所得効果**と呼ぶ。

所得と2財のうちの一方の1財の価格を一定としたときの，他方の財の価格の変化にともなう需要の変化は，以下のようになる。

需要の変化 = 代替効果（substitution effect）+ 所得効果（income effect）

これが，既述したスルツキー分解，価格変化のもたらす効果である。

---

**まとめ** **財1の価格 $p_1$ の低下の2つの意味？**

① 相対価格 $p_2/p_1$ の上昇 → 財2の需要減少と財1の需要増加
　**代替効果**：相対価格の変化によりもたらされる需要の変化

② 財1の価格 $p_1$ の低下は，所得が一定でも，実質所得（価格 $p_1$ で測った）を高めるので，上級財への需要は増加し，下級財の需要は減少する。
　**所得効果**：実質所得（実質購買力）の変化によりもたらされる需要の変化

このスルツキー分解を図 5.11 を用いて確認してみよう。

予算制約式 y は，第 1 財の価格変化前が，

$$\bar{y}_1 = p_1 q_1 + p_2 q_2 \tag{5.19}$$

変化後が，

$$\bar{y}_1 = p_1' q_1' + p_2 q_2' \tag{5.20}$$

であるとし，消費者は点 A と点 C では同じ効用をもつと考える。また，効用 u は価格の変化前が $u_1$，変化後が $u_2$ とする。

価格 $p_1$ の $p_1'$ への変化（低下↓）は実質所得 $\bar{y}_1/p_1'$ の変化（増加↑）をもたらすので，当初の予算制約式上の需要量 $\bar{y}_1/p_2$ から出発しながらも，点 A と点 C を通る 2 つの制約式を生み出すことになる。

当初の効用曲線（無差別曲線）$u_1$ 上の点 A での接線を直線 $\ell_1$，また，効用曲線（無差別曲線）$u_2$ 上の点 B での接線を直線 $\ell_2$ とする。

いま，財 1 の価格は $p_1$ から $p_1'$ に低下し，2 財の組み合わせは，点 A から点 B に変化するとしよう。点 A から点 B への変化は，図 5.11 からわかるように需要量 $q_A$ から $q_B$ への変化でもある。このとき，財 1 の需要量 $q_A$ から $q_B$ への変化は $q_A$ から $q_C$ への変化と $q_C$ から $q_B$ への変化に分けることができる。前者の $q_A$ から $q_C$ への変化が代替効果であり，$q_C$

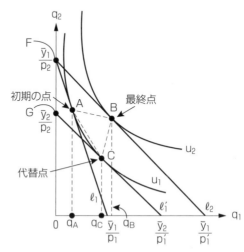

図 5.11 所得効果と代替効果

から $q_B$ への変化が所得効果である。

　財の所得や価格に対する弾力性を踏まえ，エンゲル曲線を用いると改めて以下のようなギッフェン財，代替財，補完財などの分類が可能となる。

1）**ギッフェン財**；下級財のうち負の所得効果が正の代替効果を上回るもの，右上がりの需要曲線をもつ
2）**代替財**；3財ないしそれ以上の財が存在する場合に，$\overset{\cdot\cdot\cdot\cdot\cdot\cdot\cdot\cdot\cdot\cdot}{ある財の価格の低下}$（上$\overset{\cdot}{昇}$）が他財の需要を減少（増加）させる場合に2財は互いに**代替的**という
3）**補完財**；上記の場合，他財の需要を増加させる場合に2財は互いに**補完的**という

### 3）粗代替財と粗補完財

　財1の価格 $p_1$ が低下し，需要が点Aから点Bに変化する場合には，財2の需要量 $q_2$ が低下し，財1の需要量 $q_1$ が増加している。このような財2から財1への需要のシフトが生じている場合，財2を財1の粗代替財という。

　また，財1の価格 $p_1$ が低下し，需要が点Aから点Bに変化するとき，財2の需要量 $q_2$ と財1の需要量 $q_1$ がともに増加する場合，財2を財1の粗補完財という。

表5.2　代替，補完等の統計数値

| 各項目の1%の上昇の効果 | 需要財 | | | | | |
|---|---|---|---|---|---|---|
| | 食料 | アルコール | 燃料 | 衣料 | 輸送 | サービス |
| 所　得 | 0.668 | 2.014 | 0.329 | 1.269 | 1.212 | 1.654 |
| 食品 | −0.246 | 0.032 | 0.110 | 0.066 | 0.021 | −0.004 |
| アルコール | 0.210 | −1.869 | 1.043 | 0.080 | 0.999 | 0.218 |
| 燃料 | 0.464 | 0.671 | −0.718 | 0.027 | −0.480 | 0.223 |
| 衣料 | 0.231 | 0.042 | 0.023 | −0.716 | 0.163 | 0.045 |
| 輸送 | 0.048 | 0.345 | −0.257 | 0.106 | −0.475 | 0.197 |
| サービス | −0.012 | 0.114 | −0.181 | 0.034 | 0.298 | −0.587 |

## ■ 日本における消費者の誕生 ■

　消費者はいつ誕生したのであろうか？――この答えはそう容易ではない。
　まず，consumer の語源を訊ねてみる。15世紀に英語の consume の意味から派生し，「濫費するか，浪費する人」という意味で consumer という言葉の使用が始まったとされている（*Random House*, ed. 2）。経済学では，1745年から「商品または物品を使い果たす人」の意味で使用され，それは producer（生産者）の反対語として使用された。この段階でも，浪費する人という意味からの距離は遠くない。また，消費財（consumer goods）という言葉は1890年から確認でき，その後，アメリカでは，消費者物価指数（Consumer Price Index, CPI）が1919年から算出されてきている。
　この19世紀末に注目すると，産業革命を経たこの時代は，世界の工場がイギリスからアメリカにとって代わられる時代であった。そこには，明らかに市民が，そして労働者が登場していた。
　コトラーは，「産業革命が引き金になって，大量生産，大量流通，そして石鹸や歯磨き，飲料，食品などの日用品に対するマス広告が展開されるようになった。それらの製品の多くは，もともとばら荷で（包装されないで）売られていたが，しだいにパッケージされ，ブランド名で販売されるようになった。」（コトラー2000：36）としているが，大量生産，大量消費の時代は20世紀に入るまで待たなければならなかった。
　シアーズ・ローバック（Sears, Roebuck and Company）がリチャード・ウォーレン・シアーズとアルヴァ・C・ローバックによりシカゴに設立されたのは1886年であった。当初は通信販売で売れ残りの腕時計を安く販売する時計商であった。19世紀末から20世紀初頭のアメリカは農業が中心で，広大な国土の交通手段は主に鉄道や馬・馬車であり，消費者は時間をかけて都市まで買いに行くか，高い値段で地元の個人商店や行商人から買うしかなかった。シアーズは，カタログを郵送して，一括仕入れで安価に商品を提供するダイレクト・マーケティングを推し進め，鉄道の延伸でその効果を高めたのである。
　シアーズはやがて住宅や自動車の販売を始めたが，シアーズの発展はまさに大量生産，大量消費の時代を示し，日用品を購入し，ライフスタイルを決定していく「消費者」の登場を認識させるものである。

メーカーが広告宣伝のために大量出稿（マス広告，プル戦略）により，顧客が特定のブランドを欲しがるように購買意欲をそそったため，小売店はそれらのブランドの品揃えを余儀なくされ，その上，小売店に対し，店頭で目立つように陳列してもらうために流通プロモーション（プッシュ戦略）を行うようになった。
　これらにより，業界のブランドリーダーたちは，店頭スペースの確保と消費者の心理の獲得を果たしたのである。
　ここには，明らかに「消費者」が登場している。
　たとえば，アンドルー・ゴードンはその著書『ミシンと日本の近代—消費者の創出』（大島かおり訳，2013年）でミシンメーカーとしてはシンガー（Singer Corporation），1851年設立—に注目し，ミシンはグローバルな近代生活—近代性と近代化—の運び手かつ手本として耐久消費財のシンボルとなったが，同時にミシンはセールスマンと消費者を誕生させたとしている。それは，アメリカだけではなく，ヨーロッパをはじめ世界で生じたのであり，日本も決して特殊ではなく，他のどことも同じくセールスマンと消費者を誕生させたとするのである。

　シンガーは，「世界初の成功した多国籍企業」であり，ミシンは「大量生産・大量消費のパラダイムを設定した耐久消費財」であるという主張には，十分な根拠がある。ミシンはじっさい，地球全体にひろがりゆく近代性と近代化の運び手であり手本だった。シンガー社もその製品もともに，ほぼ一世紀ものあいだアメリカの「圧倒的な魅力をもつ」市場帝国を，ヨーロッパばかりか，地球上いたるところで支配的な地位へ押し上げるという重要な役割を果たした。したがってわれわれの結論は，「日本では特殊にも」ではなく，「日本では，ほかのどこでもそうであったように」という文句ではじめざるをえない。（ゴードン 2013：325）

　しかし，ゴードンは消費者の誕生を消費の起源と混同してはならず，消費の世界的な歴史は何世紀も前に始まっており，そこには，かつてなかったほどの多くの人々が，ありとあらゆるたぐいの商品を消費し出した，近代初期における消費の急激な拡大という現象が見られたのである。
　たとえば，中世14世紀には，キリスト教の安息日には性欲に通じる豚肉食が禁じられ，蛋白源の摂取のため，その代わりに魚の摂取が認められた。安息日

はFish Dayと呼ばれた。そして，その後，安息日は増加し，年間の半分が安息日となり，魚の需要が増大した。この需要を満たしたのが，ニシン(鰊)であった。また，保存食としてのタラ(鱈)の需要も増大した。しかし，こうしたタラやニシンの大量消費だけでは「消費者」の誕生とは認識されなかった。

　ゴードンは，消費者が誕生したのは，大量に消費するという事象ではなく，新しい要素である「消費者」の意識だったという。すなわち，「消費者というのは，経済的思考ばかりでなく社会，政治，文化においてもそれぞれが自由に判断をくだす独立した人物である，という意識」が消費者を誕生させたとするのである。消費者は主役を演じる行為者として自分のためや家族のためにモノを買い，カネを遣う場面だけでなく，何かの決定の場面でも立ち現れたのである。

　ここには，生活スタイルを含む総合的な決定者としての側面が「消費者」の要素として重視されてきたことがわかる。

　ウィリアム・バーンスタインは，持続的な富の増大，すなわち，近代経済成長の鍵となった4要素として，私有財産制，科学的合理主義，ふんだんな資金が効率的に投資に向かうような資本市場，そして，強力かつ効率的な輸送・通信手段を挙げている(バーンスタイン 2006)。

　日本における消費者の誕生も，こうした文脈から，とりわけ，強力かつ効率的な輸送・通信手段を考えると，やはり，大正時代(1911-1925年)を中心とした時代が「消費者の登場」の時期といえる。1900年に砂糖やハッカなどの食品が産業化され，百貨店，映画，外食，電車などの発展が市民の登場ではなく，消費者を登場させたのである。

**引用・参考文献**

コトラー, P. 著，木村達也訳(2000)『コトラーの戦略的マーケティング』ダイヤモンド社(原著，1999年)

ゴードン, A. 著，大島かおり訳(2013)『ミシンと日本の近代―消費者の創出』みすず書房(原著，2011年)

辻嘉一(1978)『味のいろは歌留多』PHP研究所

バースンスタイン, W. 著，徳川家広訳(2006)『「豊かさ」の誕生―成長と発展の文明史』日本経済新聞社(原著，2004年)

**練習問題**

1. 次の産業の需要の価格弾力性を考えてみよう。

Some Real-World Price Elasticities of Demand
（現実の需要に対する価格弾力性）

| 産業分類 | 需要の価格弾力性（$\varepsilon$） |
|---|---|
| Agricultural and fish products | |
| Banking and insurance services | |
| Beveriges (all types) | |
| Books, magagines, and newspapers | |
| Chemicals | |
| Clothing | |
| Electrical engineering products | |
| Food | |
| Furniture | |
| Gas, electricity, and water | |
| Housing services | |
| Instrument engineering products | |
| Mechanical engineering products | |
| Metals | |
| Motor vehicles | |
| Oil | |
| Professional services | |
| Tobacco | |
| Transportation services | |

# 第6章
# 企業の生産・供給行動と費用

## 1　企業の生産過程

　企業の事業活動は，まず生産に必要な資源，すなわち，土地，労働力，資本，アントレプレナーシップを整えることから始まる。このプロセスは「投資（investment）」あるいは実物資産（real asset）の形成にほかならない。このプロセスをモデル化して表現すれば，投入物（input）を「生産プロセス」—外部に対してはブラックボックスである—という過程を通じて，産出物（output）に変換するプロセスである。

　これは，産出物（output）が有形財であろうと，無形財（サービス）であろうといずれに対しても説明可能なモデルである。〈現実〉の生産過程とそれを反映した〈経済学〉モデルを示したのが図6.1である。

　この図6.1において，〈現実〉では，労働者が機械を用いて原材料を加工（変換）し，財・サービスを生産・提供するが，この過程は生産過程あるいは生産

| 〈現　実〉 | 原材料 → | 機械，労働者 → | 生産過程（工程） → | 生産物（財・サービス） |
|---|---|---|---|---|
| | ⇩ | ⇩ | ⇩ | ⇩ |
| 〈経済学〉 | 〔生　産　要　素〕→ | | 生産関数 → | 生産量 |
| | 原材料 → | 資本，労働力 | $F(K, L)$ | $Y$ |
| | | $K$　　$L$ | | |

図6.1　財・サービスの生産過程のモデル

工程と呼ばれる。

　こうした〈現実〉の生産過程（生産工程）に対応して、〈経済学〉では、「生産要素」が原材料のひとつである。他の生産要素である「資本（機械、設備）」・「労働力」により変換され、この変換過程における資本、労働力と生産量の量的関係が生産関数（Production function）として表現される。もちろん生産関数の形の相違は、生産プロセスの質的相違も反映するものとなる。

　経済学では、この生産関数は費用をともなう事業を営む企業にとり、収益を生み出すための企業活動の構造を示す重要なモデルとなる。というのは、一般に企業の費用は技術的要因——機械の生産性・能率や労働者の資本装備率、そして労働者の技能など——により規定されており、生産関数がこの技術的関係を反映していると考えられるからである。すなわち、生産関数はある水準の産出物を得るために、どのくらいの投入物が必要であるのかを示す、換言すれば変換過程の技術的関係を示すものである。

　そして、もし、投入物の価格諸元が与えられれば、以下に見ていくような総費用、固定費用（不変費用）、変動費用（可変費用）、平均費用、限界費用などの諸費用が計算可能となるのである。

　こうした費用の〈経済学〉的把握は、現実を抽象化し、現実世界の複雑さを一定程度捨象していることは間違いないが、費用を把握する重要な要素の変化や諸費用間の関係、ひいては価格水準の決定の理解にも役立つ情報を提供することも確かである。

　たとえば、次のようなことを予測したり、考えたりすることが可能になる。

Q1. 生産規模（生産水準）を変えることにより、固定費用、変動費用、そしてそれらの和である総費用がどのように変化するのか？　どの程度まで下げることができるのか？

Q2. 産出レベルにかかわらず生産技術の変化が、どのように費用構造や費用水準を変えるのか？

## 2 生産関数

　生産関数は一定の技術知識が与えられた場合の,財やサービスの生産における物的な投入と産出の関係を示すものである。産出物の量は使用された投入物の量に依存しているので,生産関数は次のように表せる。

$$Q = F(I_1, I_2, \cdots\cdots I_n, K, L) \tag{6.1}$$

　ここに,Qはある製品の産出量を示し,Fは生産関数を意味し,Fの後の（　　）内の記号は,生産に当たり投入された生産要素を示している。たとえば,$I_1, I_2, \cdots\cdots I_n$ はさまざまな要素投入量を示し,Kは資本投入量を,またLは労働投入量を示している。

　いま,この生産関数にもとづき物的な投入と産出の関係をいくつかのケースに分けて考えてみることにする。

### 1. すべての投入要素と産出量の関係が一定のケース

　すべての投入要素と産出量の関係が一定のケースとは,産出量1単位に必要なさまざまな要素投入量 $I_1, I_2, \cdots\cdots I_n$ 並びに資本投入量K（以下,資本投入量K）と労働投入量Lの関係が一定のケースを意味している。

　たとえば,切削機械1台を労働者1人が使って超高精度な歯車 gear を作っている工場を創造してみよう。歯車は,ねじ,軸受けと並んで最も多くの機械部品として使われている部品である。

　この1人の労働者は機械1台を使って,1時間当たり1個の歯車を作り上げるとしよう。

　$I_1, I_2, \cdots\cdots I_n$ はさまざまな投入要素であるが,歯車生産の場合には,歯車の原型となる特殊な金属（素材）や潤滑油などの投入量（仮にすべて個数で測定可能とする）がこれに該当し,Kは切削機械の台数を示し,Lは労働投入量（時間で測定）を示している。

表6.1は超高精度な歯車の生産における技術的関係を示した架空データであるが，1個の歯車を生産する場合の技術的関係——部品 $I_1$, $I_2$, ……  $I_n$ が各1個ずつで，機械Kが1台，そして労働者Lが1時間働くという関係——が，歯車の生産量が2個，10個，20個，そして100個の場合も維持されていることを示している。

表6.1　超高精度な歯車 gear 生産における技術一定のケース

| 投入＼産出 | $I_1$ | $I_2$ | …… | $I_n$ | K（台） | L（時間） |
|---|---|---|---|---|---|---|
| 1個 | 1 | 1 | …… | 1 | 1 | 1 |
| 2個 | 2 | 2 | …… | 2 | 2 | 2 |
| 10個 | 10 | 10 | …… | 10 | 10 | 10 |
| 20個 | 20 | 20 | …… | 20 | 20 | 20 |
| 100個 | 100 | 100 | …… | 100 | 100 | 100 |

## 2. 資本投入量Kと労働投入量Lの関係が変化するケース

次に，すべての投入要素と産出量の関係が一定ではなく，資本投入量Kと労働投入量Lの関係が変化するケースを考えてみる。

このことは，歯車生産において，資本投入量Kと労働投入量Lの組合せにさまざまなものがあることを意味している。

たとえば，歯車1個の生産において，相対的にみてより少ない資本（機械）投入量Kとより多い労働投入量Lの組合せのケースである。こうしたケースは**労働集約的**と呼ばれる。

また，歯車1個の生産において，相対的にみてより多い資本（機械）投入量Kとより少ない労働投入量Lの組合せのケースである。こうしたケースは**資本集約的**と呼ばれる。

両者の関係が変化するケースとは，産出量1単位に必要なさまざまな要素投入量 $I_1$, $I_2$, ……  $I_n$ は不変であるが，資本投入量Kあるいは労働投入量Lの関係が変化するケースを意味している。

1) 歯車 gear 生産における労働集約的ケース

表6.2 労働集約的ケース

| 投入＼産出 | $I_1$ | $I_2$ | …… | $I_n$ | K（台） | L（時間） |
|---|---|---|---|---|---|---|
| 1個 | 1 | 1 | …… | 1 | 1 | 1 |
| 2個 | 2 | 2 | …… | 2 | 1 | 4 |
| 10個 | 10 | 10 | …… | 10 | 5 | 30 |
| 20個 | 20 | 20 | …… | 20 | 10 | 80 |
| 100個 | 100 | 100 | …… | 100 | 20 | 500 |

超高精度な歯車 gear 生産における労働集約的ケースでは、表6.2に示されているように、1個の歯車を生産する場合の技術的関係—部品 $I_1$, $I_2$, …… $I_n$ が各1個ずつで、機械Kが1台、そして労働者Lが1時間働くという関係—が、歯車の生産量が2個の場合には、労働時間Lのみが4時間と4倍になり、その後、10個の場合の労働時間Lは30時間と1個の場合の30倍になり、20個の場合の労働時間Lは80時間と1個の場合の80倍、さらに100個の場合の労働時間Lは500時間と1個の場合の500倍というように生産量の増加以上に労働時間Lが増えていくケースである。

2) 歯車 gear 生産における資本集約的ケース

表6.3 資本集約的ケース

| 投入＼産出 | $I_1$ | $I_2$ | …… | $I_n$ | K（台） | L（時間） |
|---|---|---|---|---|---|---|
| 1個 | 1 | 1 | …… | 1 | 1 | 1 |
| 2個 | 2 | 2 | …… | 2 | 1 | 1 |
| 10個 | 10 | 10 | …… | 10 | 5 | 3 |
| 20個 | 20 | 20 | …… | 20 | 10 | 5 |
| 100個 | 100 | 100 | …… | 100 | 20 | 15 |

労働集約的なケースに対し、資本集約的ケースは、表6.3に示されているよ

うに，1個の歯車を生産する場合の技術的関係—部品 $I_1, I_2, \cdots\cdots I_n$ が各1個ずつで，機械Kが1台，そして労働者Lが1時間働くという関係—が，歯車の生産量が2個の場合には，資本台数Kは1台と不変で，その後，10個の場合の資本台数Kは5台で労働力Lは3倍になり，20個の場合の資本台数Kは10台で労働Lは5，さらに100個の場合の資本台数Kは20台で労働Lは15というように生産量の増加にともない資本投入量が労働投入量Lに対し増えていくケースである。

## 3 費用関数

　費用関数（Cost function）は企業における投入要素の費用と産出物の価格の関係を示したものである。生産関数が技術的関係という物的単位での関係を示すのに対し，費用関数は技術的関係を踏まえ，それを貨幣表示した関係を示している。費用関数の意義は，産出物の価格を決定するためには，生産関数の示す技術的にみて最も効率的な組合せを含む複数の組合せの中から経済的に最もコストの低い組合せを見つけることが必要で，その情報を与えるからである。
　費用関数は生産関数に投入要素の価格という情報を付加することにより導ける。

$$C = C(p_1 I_1, p_2 I_2, \cdots\cdots p_n I_n, p_k K, wL) \tag{6.2}$$

　ここに，Cはある産出物の費用（コスト）を示し，また，$I_1, I_2, \cdots\cdots I_n$ はさまざまな要素投入量を示し，Kは資本投入量を，Lは労働投入量を，$p_1, p_2, \cdots\cdots p_n$ は各投入要素の価格を，$p_k$ は資本の価格を，また，wは貨幣賃金率を示す。
　これらの価格は各要素市場での取引価格で決定されるが，ここでは所与としておく。
　ところで，要素投入物の価格の変化は，供給曲線をどのようにシフト（平行移動）させるのであろうか。供給曲線とは供給曲線に影響を与える価格以外の

すべての要素を一定としたときの，価格に対する生産物の供給量を示す曲線である。したがって，価格以外の要素のいずれかひとつの要素でも変化すれば供給曲線はシフトすることになる。

図 6.2 を用いて説明すると，たとえば生産要素1の価格 $p_1$ が $p_1$ から $p_1'$ に低下したならば，供給曲線 SS

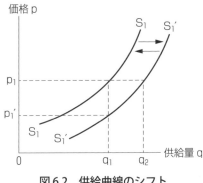

図 6.2　供給曲線のシフト

は $S_1S_1$ から $S_1'S_1'$ に右にシフトし，逆に生産要素の費用が $p_1'$ から $p_1$ に上昇したならば，供給曲線は $S_1'S_1'$ から $S_1S_1$ へと左にシフトするのである。

## 4 短期の生産と費用

### 1. 短期と長期

生産過程（工程）の長さは生産期間と呼ぶことができるが，その基本的単位は，1日の場合もあれば，1週間，10日間，1月，数カ月，半年等々いろいろな長さの期間が想定できる。こうした長さの相違はあるものの，この基本的な単位生産期間を「1期」と呼ぶことにする。

しかし生産過程は通常この1期だけでは終わらない。むしろ複数の期間に渡り，生産は続けられ，繰り返されるのである。とりわけ，設備と土地は長期間にわたり使用され，他方，原材料や労働力は期毎に購入・調達される。

前節で見た費用関数は，さまざまな投入要素の価格と量の関係を示すものであるが，企業経営者は生産を行う場合に，物理的な時間でみた，短期的な決定と中・長期的な決定を行うのであり，費用関数にもその決定の期間の相違，すなわち，物理的な時間とは異なる短期，中・長期という期間の相違が反映されなければならない。

そこで，これらの決定の相違を示すために，いま，短期と長期の2つに期間

を分けることにする。

すなわち，**短期** (short term) とは，「1期」を指し，1期という生産期間内においてその費用が変化する投入物と，この期間内では変化せず，1期を超える期間である**長期** (long term) でのみ変化する投入物に分けて考えることにする。

短期すなわち「1期という生産期間内」においてその費用が変化する投入物に係る費用を**可変費用**（Variable costs，変動費用ともいうが，以下では**VC**とする）とし，短期では変化せず，「1期を超える期間」である長期 (long term) でのみ変化する投入物に係る費用を**固定費用**（Fixed costs，不変費用ともいうが，以下では**FC**とする）とする。また，固定費用は**埋没費用**（Sunk costs）といわれることもあるが，それはその費用がすでに支払われていることに起因し，固定費用が生産量の決定などの短期的な事業の決定に影響を与えないと想定されているからである。

もっとも，この短期，長期という二分法とその定義は便宜的なものであり，絶対的なものではない。むしろ相対的であり，厳密性に欠けるものであることも忘れてはならない。

たとえば，次のような定義もありうるのである。

「短期」とは「いくつかの投入要素の量と価格が変化し，他の投入要素の量と価格が変化しない，すなわち不変な期間」であり，「長期」とは「すべての投入要素の量と価格が変化する期間」というものである。

この分類に従えば，短期の生産決定とは「利用可能な所与の固定投入要素の最適な利用に関する決定」，稼働率の決定であり，これに対し，長期の生産決定とは「所与の固定投入要素はなく，もっとも適切な固定投入要素と可変投入要素の組合せの決定」すなわち，投資の決定を含む「生産規模」の決定になる。

なお，以下では，短期の費用に係る説明を行うが，その際，費用概念を，リスクをもつ資本の供給を行う企業の所有者に対する「正常な利潤」を含むものとして定義する。このことは，「正常な利潤」が売上から費用を差し引いた残り（残余）としてではなく，供給コストの一部として認識されていることを意味している。

## 2. 短期の固定費用，可変費用，総費用

いま，ある企業がひとつの生産物を生産し，その生産量が q であるとする。また，総費用関数が C = C (q) で表されているとする。このとき，短期の固定費用，可変費用，総費用はどのように図示できるであろうか。説明を始める前に，これらの総費用，平均費用，限界費用の構成を以下に示しておくことにする。

表6.4 費用間の関係

| | | | | |
|---|---|---|---|---|
| 1) 総費用 (TC) | = | 固定費用 (FC) | + | 可変費用 (VC) |
| 2) 平均費用 (AC) | = | 平均固定費用 (AFC) | + | 平均可変費用 (AVC) |
| 3) 限界費用 (MC) | = | 限界固定費用 (MFC) | + | 限界可変費用 (MVC) |

### 1) 固定費用 FC

固定費用 FC は，産出物の水準の高低にかかわらず (つまり生産量 q がゼロ ($q = 0$) であっても) 固定した投入要素の利用に対し支払うべき費用で，たとえば，借入金に対する利子，建物，施設や設備のリース料などがこれに該当する。短

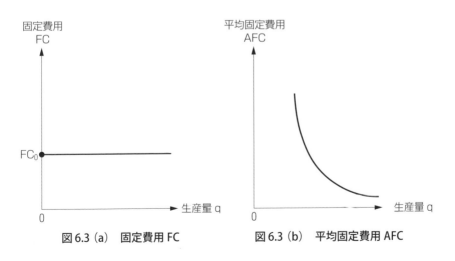

図 6.3 (a)　固定費用 FC　　　　図 6.3 (b)　平均固定費用 AFC

期においては，固定費用 FC は生産量 q の水準にかかわらず常に一定（$FC_0$）であるから，図 6.3 (a) のような横軸に平行な直線で示すことができる。図の縦軸は固定費用 FC である。このとき，固定費用 FC を生産量 q で割った平均固定費用（Average fixed costs, AFC）は産出物 1 単位あたりの固定費用を示す。平均固定費用 AFC は図 6.3 (b) にあるように，生産量 q が増加するにつれ低下していくので，右下がりとなる。

### 2) 可変費用

短期においてその費用が生産量 q の変化にともない変化する費用を可変費用 VC というが，この変化する投入物とは，たとえば，原材料，光熱費などのユーティリティコスト，賃金などであり，その変化の方向は生産量の増減と同一のものとなる。すなわち，生産量が増加すれば基本的に可変費用 VC も増加していき，生産量が減少すれば，可変費用 VC も減少する。

可変費用 VC はさまざまな形をとりうるが，たとえば，図 6.4 (a) のような 45°の右上がりの直線であれば，可変費用 VC を生産量 q で割った平均可変費用（Average variable costs, AVC）は図 6.4 (b) のように横軸と平行な直線となる。

45°の右上がりの直線の場合は可変費用が産出物 1 単位あたりの費用としては同一のまま変わらず，生産量 q に応じて比例的に増加していくことを意味している。

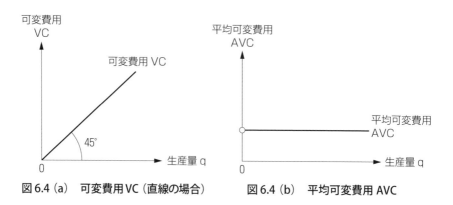

図 6.4 (a)　可変費用 VC（直線の場合）　　図 6.4 (b)　平均可変費用 AVC

また，図6.5 (a) のような右上がりの曲線であれば，平均可変費用 AVC は図6.5 (b) のような曲線（U字型曲線あるいは2次曲線）となる。

右上がりの曲線とは，生産量 q の水準が低いところでは可変要素の投入に比べ，収穫生産量の増加の方が早く，可変費用 VC がゆっくり増加してゆき，産出量の水準が高いところでは，可変要素の投入に比べ，収穫が逓減するために可変費用 VC が急速に上昇していくことを表している。機械や労働力の能率が生産量 q あるいは稼働率 $\delta$ に影響されると考えれば，こうした曲線の形状は現実を反映している。

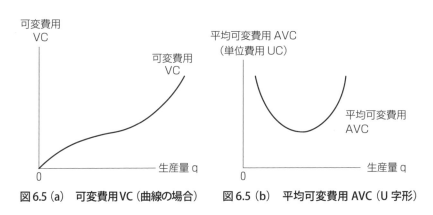

図6.5 (a)　可変費用VC（曲線の場合）　　図6.5 (b)　平均可変費用 AVC（U字形）

**3）総費用**

総費用（Total costs, TC）は，総費用関数が $C = C(q)$ であるので，以下のように表せる。

$$TC = C(q)$$

また，その内訳は固定費用と可変費用の和であるから，

　　総費用 TC ＝固定費用 FC ＋ 可変費用 VC　　　　　　　　　　(6.3)

となり，図6.6 (a) もしくは図6.7 (a) で示されている太い実線の形（直線や曲

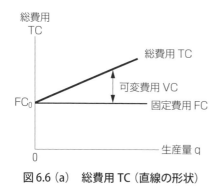
図 6.6 (a)　総費用 TC（直線の形状）

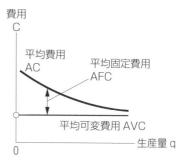
図 6.6 (b)　平均費用 AC

線）となる。

　固定費用 FC は総費用 TC の構成要素であるが，生産量の変化にかかわらず一定なので，変化という意味で総費用に影響を与えるのは可変費用 VC となる。しかしながら，上述したように可変費用の形状は直線と曲線の 2 つが考えられる。そして，この形状に応じて総費用の形状もまた異なってくるのであるから，2 つに分けて考えることにする。

　短期において，生産量が増えれば可変費用 VC も増加していくのであるから，総費用 TC もまた増加していく。

　総費用 TC も可変費用 VC の形状によりさまざまな形をとりうるが，たとえば，可変費用 VC が図 6.4 (a) のような 45°の右上がりの直線であれば，総費用 TC は右上がりの直線（図 6.6 (a)）となり，総費用 TC を生産量 q で割った平均費用（Average costs, AC）は平均固定費用 AFC の形状を反映して，図 6.6 (b) のように右下がりの曲線となる。

　また，可変費用 VC が図 6.5 (a) のような右上がりの曲線であれば，総費用 TC も図 6.7 (a) のような右上がりの曲線となり，総費用 TC を生産量 q で割った平均費用（Average costs, AC）は平均可変費用 AVC の形状を反映して，図 6.7 (b) のような曲線（U 字型曲線あるいは 2 次曲線）となる。

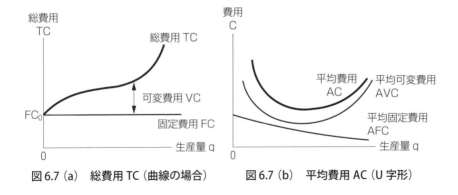

図6.7 (a) 総費用TC (曲線の場合)　　図6.7 (b) 平均費用AC (U字形)

U字型曲線あるいは2次曲線が示すのは以下のものである。

生産量qの水準が低いところでは可変要素の投入に比べ、収穫の増加の方が早く、可変費用VCがゆっくり上昇してゆき、総費用TCも逓増していくこと、逆に、生産量qの水準が高いところでは、可変要素の投入に比べ、収穫が逓減するために可変費用VCが急速に上昇していくため、総費用TCも上昇していくことになる。

この動きを平均費用ACで考えると異なる形状が見えてくる。

すなわち、生産量qの低い水準のところでは、平均可変費用AVCがゆっくり低下してゆき、平均固定費用AFCの低下も相まって、両コストの和である平均費用ACも低下していくこと、逆に、生産量qの水準が高いところでは、可変要素の投入に比べ、収穫が逓減するために平均可変費用AVCが急速に上昇していき、平均費用ACもまた上昇していくことを示している。こうした費用の動きの結果、平均費用曲線ACはU字形となるのである（図6.7 (b) 参照）。

### 4) 限界費用

限界費用 (Marginal costs、以下単にMCとする) は、産出物1単位あたりの増加により総費用TCに追加される費用の増分を指す。すなわち、産出物をもう1単位生産したときに追加的にかかる費用を指す。これまでみてきたように、固定費用FCは、文字どおり産出物の変化にかかわらず一定（$\varDelta FC=0$）である

から，結局，限界費用 MC は可変費用 VC の変化により決まってくることになる。いま，総費用の増分を $\varDelta TC$ とすれば，$\varDelta TC = \varDelta VC$ となるのである。

図形的には限界費用曲線 MC は総費用曲線 TC 上の接線の傾きとして示せるが，**限界固定費用 MFC** は常にゼロ（$\varDelta FC = 0$）なので，限界費用 MC は**限界可変費用 MVC** に常に等しくなる（MC = MVC）。したがって，可変費用 VC の変化にしたがって，限界可変費用 MVC が決まり，さらに限界費用曲線 MC の形状が決まっていくことになる。つまり，可変費用曲線 VC の形により，さまざまな組合せの総費用曲線 TC と限界費用曲線 MC の形状が起こりうることになる。

たとえば，可変費用 VC が右上がりの直線の場合，たとえば，図 6.4 (a) のような 45°線の場合には総費用曲線 TC も右上がりの直線となり，限界費用 MC は常に一定で，図 6.8 (a) のような横軸と平行な直線となる。

ところで，限界費用 MC が一定であることは，生産規模にかかわらず，単位当たりの可変費用の要素の投入が変わらず，不変であることを意味する。こうした財は少なくないが，すべての財について当てはまるものではない。

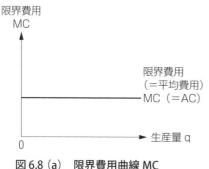

図 6.8（a） **限界費用曲線 MC**
（横軸と平行な直線の形状）

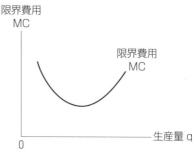

図 6.8（b） **限界費用曲線 MC**（U 字形）

そこで，総費用曲線 TC が図 6.7 (a) のように S 字形になる場合を考えてみる。

総費用が S 字形となるのは，可変費用 VC の動きの結果である。当初，限界費用 MC は総費用 TC が緩やかな上昇となっているので逓減していくが，

やがて，総費用 TC が急上昇していくので逓増していく。このとき，限界費用曲線 MC は図 6.8 (b) のように U 字形となる。

## 3. 利潤と損益分岐点・操業停止点

損益分岐点 (Break-even point，BEP) は売上高と費用が同じで，利益も損失もない状態を指す。売上高は総収入 (Total revenue) と同一であり，ここでは総収入は「生産量×価格」として計算される売上高で把握される。

すでに見てきたように，固定費用 FC は生産量 q の全範囲において一定の値をとる。これに対し，可変費用 VC は生産量 q がゼロのときはゼロとなり，その後，生産量 q が増加するにつれて増加していくと考えられる。

短期の場合，価格 p は一定と考えられているので，固定費用 FC と可変費用 VC の合計である総費用 TC (= FC + VC) は生産量 q あるいは売上高，総収入の増加につれ，上昇してゆき，図 6.6 (a) のように右上がりの直線もしくは図 6.7 (a) のような曲線となる。図 6.9 の総収入 TR，総費用 TC のつくり出すシェーレ（鋏）状の形に注目されたい。この 2 つの線（直線と曲線）の縦方向の差が利潤 (profit) となるのである。

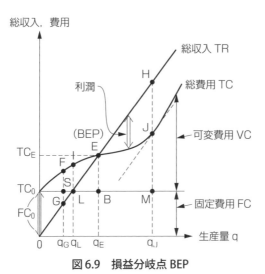

図 6.9　損益分岐点 BEP

第 6 章　企業の生産・供給行動と費用　129

ここでは，図6.9を用いて総費用概念を用いた場合と平均費用・限界費用概念を用いた場合に分けて，(1) 損失が生じているケース，(2) 損益ゼロのケース，(3) 利益が生じているケースについて，利潤 $\pi$（profit），総収入（TR）と総費用（TC）の関係を確認しておくことにする。

---

1) 利潤 $\pi$（profit） ＝ 総収入（TR）－ 総費用（TC）
2) 利潤 $\pi$（profit） ＝ 総収入（TR）－（固定費用（FC）＋ 可変費用（VC））
3) 平均費用（AC） ＝ 平均固定費用（AFC）＋ 平均可変費用（AVC）
4) 限界費用（MC） ＝ 限界固定費用（MFC）＋ 限界可変費用（MVC）

---

### 1）総費用 TC 概念で考える

図6.9において，生産量 q がゼロの場合，総収入 TR はゼロとなる。このとき，総費用 $TC_0$ に等しい固定費用 $FC_0$ が生じていることになり，生産量＝売上量とすれば，売上ゼロのときのコスト $TC_0$ が確認できる。企業はこの生産量 q ＝ ゼロから出発し，徐々に生産量 q を増加させていく。もちろん生産量 q の増加は可変費用 VC の増加をともなうが，生産量 q の増加にともない固定費用 FC さらには可変費用 VC をカバーする点 E まで総収入 TR が増えていく。この点 E が損益分岐点 BEP である。この点 E では損失はなくなるが，まだ利益（利潤）$\pi$ も生まれていない。すなわち，損失も利益もない生産量である。

このことをいま少し詳しく見てみよう。

利潤 $\pi$ ＝ゼロであるから，

$$総収入\ TR - (固定費用\ FC + 可変費用\ VC) = ゼロ \qquad (6.4)$$

となる。したがって，

$$総収入\ TR = 固定費用\ FC + 可変費用\ VC \qquad (6.5)$$

となる。

損益分岐点 BEP を下回る生産は企業に正常利潤をもたらさない。しかし，経済的に意味がないのであろうか？

実は意味があるのである。

それは仮に価格が損益分岐点を下回っても，総収入 TR が可変費用 VC を上回っていれば可変費用 VC を回収することができるからである。ここに操業を続ける意味がある。

$$\text{総収入 TR} = \text{価格 p} \times \text{生産量 q}$$
$$= \text{可変費用 VC} \tag{6.6}$$

であるから，

$$\text{価格 p} = \frac{\text{可変費用 VC}}{\text{生産量 q}} = \text{平均可変費用 AVC} \tag{6.7}$$

となる。

このような可変費用を回収できる生産量 q を示す点 S を操業停止点（Shut-down point, SDP）と呼ぶ。操業停止点 SDP では価格 p と平均可変費用 AVC が等しい水準となっている。

では，さらに生産量 q を増加させていくとどうなるであろうか。

生産量 q が増加していくと，総収入 TR は総費用 TC を上回り，利潤（利益）$\pi$ を生む。この利潤は「超過利潤」である。というのは，すでに触れたように，費用はリスクをもつ資本の供給を行う企業の所有者に対する「正常な利潤」をすでに含んでいるものと定義されているからである。

## 2）平均費用・限界費用概念で考える

以下では，平均費用・限界費用概念を用いて，利潤 $\pi$，総収入 TR と総費用 TC の関係を確認する。

平均で考えるとは**生産量1単位当たりで考える**ということである。

$$\text{総費用 TC} = C(q) = \text{固定費用 FC} + \text{可変費用 VC} \tag{6.8}$$

この式において,両辺を生産量 q で割ると,

$$\frac{\text{総費用 TC}}{q} = \frac{C(q)}{q} = \frac{\text{固定費用 FC}}{q} + \frac{\text{可変費用 VC}}{q} \tag{6.9}$$

すなわち,

$$\text{平均費用 AC} = \text{平均固定費用 AFC} + \text{平均可変費用 AVC} \tag{6.10}$$

となる。

また,限界費用 MC は通常,産出量の水準の低いところでは収穫逓増を,また,高いところでは収穫逓減を反映し,U 字形をとるとされている(図 6.8 (b) 参照)。

また,限界費用 MC の最小点 K は平均可変費用 AVC の最小点 S より左側にあり,限界費用曲線 MC は平均費用曲線 AC と平均可変費用曲線 AVC の最小点を通っている(図 6.10 参照)。

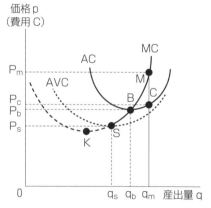

図 6.10 　限界費用曲線 MC と平均費用 AC,平均可変費用 AVC

次に図 6.11 をみてみよう。平均費用 AC は原点から総費用曲線 TC 上の点に引いた直線の傾きであり,平均費用の最小点はこの直線の傾きのうちもっとも小さい点 J に対応しており,また,この点は総費用曲線 TC への接線となっている。

さて,ここで図 6.10 に示されているように限界費用 MC が総費用曲線 TC 上の任意の点における接線の傾きをつないだ曲線であることを思い起こして欲しい。したがって,総費用曲線 TC 上の最小点 J においては,限界費用 MC

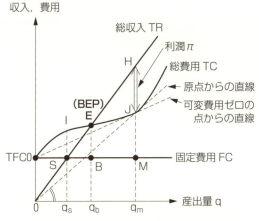

**図6.11 損益分岐点 BEP と操業停止点 SDP**

は交差しており，平均費用 AC と限界費用 MC は一致しているのである．

$$平均費用 AC = 限界費用 MC \tag{6.11}$$

また，平均可変費用 AVC は総費用曲線 TC の始点 (縦軸との交点) TFC0 から総費用曲線 TC 上の点に引いた直線の傾きであるから，図6.11 におけるこの直線の傾きの最小点 J は生産量 $q_m$ のときの総費用曲線 TC の接点となっている．

## 4. 利潤の最大化

企業の供給量の決定は，その生産にかかる費用だけではなく，その価格にしたがった売上にも依存している．ミクロ経済学がおく仮定のひとつに「合理的経済人 (the economic man)」の仮定，すなわち，経済主体である企業や家計は，その利潤や効用を最大化する合理的行動をする (非合理的行動はしない) というものがあるが，ここから導き出されるのが，**利潤最大化仮定**である．

利潤最大化が実現しているときには，総収入と総費用の差が最大で，かつ，限界費用 MC が限界収入 MR と等しくなっている．すなわち，

$$\text{限界費用 MC} = \text{限界収入 MR} \tag{6.12}$$

となっている。

企業の供給量の決定は，その生産にかかわる費用だけではなく，その価格，ひいては売上にも依存する。企業の供給量の決定態度として想定されるのが，利潤最大化仮定である。利潤が最大になっているときは売上と収入の差が最大となっているときであり，かつ限界費用が限界収入と等しくなっているときである。すなわち，MC = MR となっている場合である。

利潤最大化は次の二通りの考え方でその条件を確認することができる。

### 1）総収入 TR と総費用 TC の両曲線の傾きが一致する場合

総収入 TR と総費用 TC の差が最大となるのは，総収入 TR と総費用 TC の両曲線の傾きが一致する点，すなわち，両曲線への接線が平行になる場合である。このときの生産量を $q_m$ とする。

図 6.12 (a) において，生産量が $q_b$ から $q_m$ の領域では，総収入曲線 TR への接線の傾きが総費用曲線 TC への接線の傾きより大きく，生産量が増加するにつれ，総収入 TR と総費用 TC の差である利潤 $\pi$ が大きくなっていく。

これに対し，生産量が $q_m$ から $q_n$ の領域では，総収入曲線 TR への接線の傾きが総費用曲線 TC への接線の傾きより小さくなり，

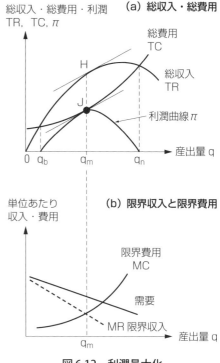

図 6.12 利潤最大化

生産量が増加するにつれ、総収入 TR と総費用 TC の差である利潤 π が徐々に小さくなっていく。

その結果、生産量 $q_m$ において、利潤 π が最大になっていることがわかる。利潤曲線 π の形はそのことを示している。また、生産量が $q_b$ 未満、生産量が $q_n$ 以上の場合には利潤 π はマイナスとなっている。

### 2）限界収入 MR が限界費用 MC と一致する場合

生産量が $q_m$ 未満の場合には、図6.12 からわかるように、生産量 q1 単位を追加的に増やすことによる収入の増加はコストの増加を上回る（限界収入 MR ＞限界費用 MC）ので、利潤 π は増加していく。こうして1単位ずつ生産量を増やしていくと、収入の増加とコストの増加の差である利潤 π は徐々に小さくなっていき、限界収入 MR と限界費用 MC が等しくなる生産量 $q_m$ に到達する。この生産量を超えると、生産量を1単位、追加的に増やすことによる収入の増加をコストの増加が上回る（限界収入 MR＜限界費用 MC）ので、利潤 π は減少していく。生産量を1単位増やす毎に利潤が減るのであるから、生産量を増やす経済的理由がなくなる。

以上により、限界収入 MR と限界費用 MC が一致する生産量 $q_m$ で、利潤 π が最大になることがわかる。

# 5　長期費用

長期においては、企業は短期では固定されていた設備等を含む、あらゆる投入要素の水準を変えることが可能となる。工場建設用地の取得、新工場の建設と設備の据付、管理者・労働者の採用などの投資活動が行えるのであり、また、逆に、土地の売却、工場・設備の廃棄、管理者・労働者の雇用調整等いわゆる「過剰資本」の廃棄・調整も可能となる。生産可能性集合は短期よりも長期の方が大きくなるので、同一の産出レベルでは、長期のコストのほうが短期のコストよりも小さくなるかもしれない。

では，長期の費用曲線はどのように導けるのであろうか？

ひとつの方法は，短期において固定されたさまざまな投入要素の値に対する短期の総費用曲線 SRTC を描くことである。

たとえば，短期の総費用曲線はいくつかの仮定にもとづく設備の能力に対応して描くことができる（図6.13 (a) 参照）。

企業はひとたび生産量 q を決定すると，この生産レベルにおいて総費用が最小となる設備の能力を選択する。これは，一般に，すべての可能な長期の変数に対応した短期の費用曲線の連続体になる。すなわち，長期費用曲線全体は，

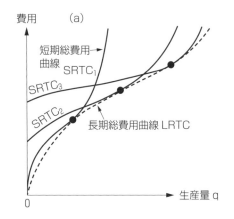

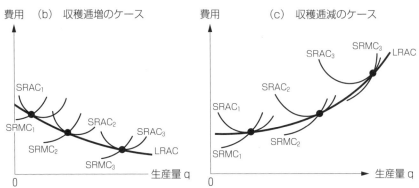

（SRAC：短期平均費用，LRAC：長期平均費用，SRMC：短期限界費用）

図 6.13 (a) (b) (c)　最大化

これらの曲線の最低点を結んだ包絡線 (envelope) になる。また，長期の費用曲線は総費用だけではなく，平均費用を用いて描くことも可能である。**図表 6.13 (b) (c)** にあるように，長期の平均費用曲線は長期の投入変数のさまざまな値に対応した個々の短期平均費用曲線の最低点を結んだ包絡線になっている。

定義によれば，長期の総費用曲線 LRTC はいかなる短期の費用曲線 SRTC の上側に位置しないのである（図6.13 (a)）。また，典型的には，長期の平均費用曲線 LRAC は，収穫逓減（図6.13）を反映しあらゆる投入要素が変化するときに期待される規模に対する初期には低下し，その後は収穫がほぼ一定であることを反映して水平になり，最後にはしばしば大組織にみられるような非効率性により，規模に対する収穫逓減（図6.13 (C)）を反映して上昇するのである。

**練習問題**

2. 以下の生産量，総収入，可変費用の場合に，空欄の固定費用，総費用，利益，平均費用，限界費用，平均固定費用，平均可変費用，限界利益を計算してみよう。

### 例題 1

| Q<br>生産量 | TR<br>総収入 | FC<br>固定費用 | VC<br>可変費用 | TC<br>総費用 | π 利益<br>(=TR−TC) | AC<br>平均費用 | MC<br>限界費用 | AFC<br>平均固定費用 | AVC<br>平均可変費用 | MR<br>限界利益 |
|---|---|---|---|---|---|---|---|---|---|---|
| 0 | 0 | | 0 | | | | | | | |
| 1 | 100 | | 30 | | | | | | | |
| 2 | 200 | | 60 | | | | | | | |
| 3 | 300 | | 90 | | | | | | | |
| 4 | 400 | | 120 | | | | | | | |
| 5 | 500 | | 150 | | | | | | | |
| 6 | 600 | | 180 | | | | | | | |
| 7 | 700 | | 210 | | | | | | | |
| 8 | 800 | | 240 | | | | | | | |
| 9 | 900 | | 270 | | | | | | | |
| 10 | 1000 | | 300 | | | | | | | |
| 11 | 1100 | | 330 | | | | — | | | — |

ただし，生産量2のときの固定費用は可変費用の半分である。

### 例題 2

| Q<br>生産量 | TR<br>総収入 | FC<br>固定費用 | VC<br>可変費用 | TC<br>総費用 | π 利益<br>(=TR−TC) | AC<br>平均費用 | MC<br>限界費用 | AFC<br>平均固定費用 | AVC<br>平均可変費用 | MR<br>限界利益 |
|---|---|---|---|---|---|---|---|---|---|---|
| 100 | 4500 | | 2500 | | | | | | | |
| 101 | 4545 | | 2525 | | | | | | | |
| 102 | 4590 | | 2550 | | | | | | | |
| 103 | 4635 | | 2575 | | | | | | | |
| 104 | 4680 | | 2600 | | | | | | | |
| 105 | 4725 | | 2625 | | | | | | | |
| 106 | 4770 | | 2650 | | | | | | | |
| 107 | 4815 | | 2675 | | | | | | | |
| 108 | 4860 | | 2700 | | | | | | | |
| 109 | 4905 | | 2725 | | | | | | | |
| 110 | 4950 | | 2750 | | | | | | | |
| 111 | 4995 | | 2775 | | | | — | | | — |

ただし，生産量104のときの固定費用は可変費用の半分である。

# 第7章
# 供給行動と余剰

　企業はその利潤 $\pi$ の最大化を目的として市場へ財やサービスを供給する。そして，利潤 $\pi$ が総収入と総費用との差で決まるのであるから，利潤 $\pi$ の決定要因を考えるのであれば，総収入 TR と総費用 TC に影響を与えるさまざまな要因を調べ上げる必要が出てくる。主要な要因を一覧にしたものが**図 7.1** である。

　図 7.1 からわかるように，価格・供給量の規定要因としては，費用（固定費用 FC，可変費用 VC など），租税，販売促進活動費（営業費用）や営業外費用な

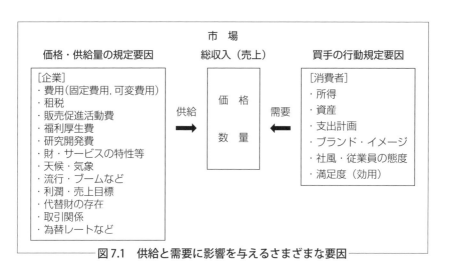

図 7.1　供給と需要に影響を与えるさまざまな要因

ど，財・サービスの特性・品質，天候・気候，流行・ブームなどがあるし，他方で，買手の行動を規定する要因としては，消費者（世帯）の所得・資産，家族構成，支出計画（買い替えサイクルなど含む），社風や従業員の態度，ブランド・イメージ，満足度などがある。このほか，企業の場合には，供給を規定するものとして売上目標，代替財の存在，取引関係，為替レートなどの要因も考えられる。いずれにしても，こうした要因に規定されて，供給量と需要量が市場で売手と買手の行動として現れ，その財の市場価格と取引量が決まっていくというのが市場メカニズムの考え方なのである。

以下では，市場における供給行動，次いで生産者余剰，消費者余剰について説明していくことにする。

## 1　供給行動と供給曲線

企業が市場に生産物を供給するのは利潤 $\pi$ を獲得するためである。企業は，その活動を持続し，再生産するために，少なくとも投下した費用を回収しなければならない。こうした企業行動の本質に照らしてみると，たとえ価格・供給量の規定要因として多くのものがあるとしても，とりわけ重要な要因は要求利潤 $\pi^*$ とコスト構造といえよう。以下では，実現した利潤を $\pi$，要求利潤を $\pi^*$ と区別する。

そして，この両者を反映したモデルが**供給曲線**である。この供給行動は，市場の競争状態——完全競争，寡占，独占など——により異なるため，供給曲線の形状も異なってくる。

供給曲線は価格を縦軸，供給量を横軸にとったグラフにおいて，右上がりの曲線として描ける（**図7.2参照**）。その理由は，企業はより多くの利潤 $\pi$ を実現するために，より高い価格で，より多くの生産物を市場に供給し，販売したいと考えるからである。他方で，費用曲線の形状は，規模に対する収穫のあり方——収穫逓増，収穫不変，収穫逓減——により異なり，加えて供給曲線の形状を価格だけで直接説明できるとは限らない。

供給曲線の形状は基本的には，企業の要求利潤 $\pi^*$ のあり方により決まってくる。そして，この要求利潤 $\pi^*$ も，企業が初めから高い要求利潤 $\pi^*$ を示すのか，あるいは当初は低めに設定し，その後，一定のシェアを獲得してから徐々に要求水準を上げていくのかなどいくつかのパターンが考えられるのであり，企業の成長ステージに対応した戦略という面でも一律の想定は難しい。

そこで，ここでは完全競争市場を前提に，供給曲線 SS を考えていくことにする。

図 7.2 の供給曲線 SS が示す企業の供給態度は，もし価格が $p_1$ であれば供給量を $q_1$ とし，また，もし何らかの事情で価格が $p_2$ に上昇すれば，供給量を $q_2$ に増加させるというものである。こうした供給曲線 SS にそった変化は，与えられた価格に対する供給量の変化を示す。

また，供給曲線が SS から S'S' へ右にシフトする場合がある。このシフトは企業の要求利潤 $\pi^*$ が低くなっていくことを反映している。つまり，$q_1$ という供給量に対し，$p_1$ よりも低い価格 $p'$ で供給しようとしているからであり，何らかの理由—ライバル社との価格競争など—により，需要減や利潤 $\pi$ が減少し企業は弱気 bear になっているといえる。

逆に，当初の供給曲線 SS から S″S″ と左にシフトする場合がある。この場

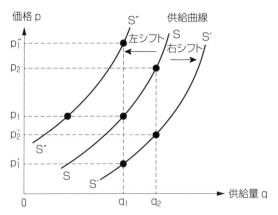

図 7.2　供給曲線 SS のシフトと要求利潤 $\pi^*$

第 7 章　供給行動と余剰 | 141

合には，$q_1$という供給量に対し，$p_1$よりも高い価格$p_1''$で供給しようとしているのであり，要求利潤$\pi^*$は高くなり，企業は強気 bull の態度となっている。

いずれにしても，こうした供給曲線 SS の左右への並行移動による供給量の変化は供給のシフトといわれるが，供給のシフトとは実は要求利潤$\pi^*$に対する企業側の変化であることを見逃してはならない。

## 2 供給の価格弾力性

「弾力性」概念についてはすでに需要の価格弾力性や需要の所得弾力性などで説明してきたが，供給についても「弾力性」概念を用いて説明できる。

弾力性概念は分母と分子の各伸び率の比をとったものであるが，供給の価格弾力性$\eta$(エータ)は，分母に価格の変化率を，分子に供給量の変化率をとったものである。したがって，供給の価格弾力性$\eta$は，価格の変化率に対する供給量の変化率をみたものとなる。価格の変化率1％に対し供給量が何％（何倍）変化するのかを示すものである。

$$供給の価格弾力性 \eta = \frac{供給量の変化率（\%）}{価格の変化率（\%）} \tag{7.1}$$

供給の価格弾力性$\eta$は，通常，ゼロからプラス無限大の間の値（$0<\eta<\infty$）

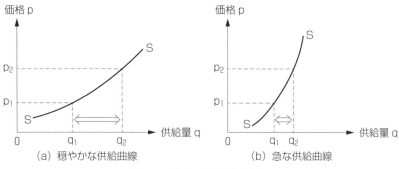

(a) 穏やかな供給曲線　　　(b) 急な供給曲線

図7.3　供給の価格弾力性 $\eta$

をとる。

図7.3 (a) (b) の供給曲線は，何らかの理由で価格が $p_1$ から $p_2$ へ上昇したときに，供給量がどのように変わるのかを示したものである。2つの図のスケールは同じである。

この図からわかるように，同一の価格上昇に対し，(a) のケースの傾きの緩やかな供給曲線の方が (b) のケースの傾きの急な供給曲線よりも供給量の増加 $q_2 - q_1$ (図中の矢印⇔の長さ) が大きくなっている。したがって，この場合，同一の価格の変化に対する供給量の変化の大きい (a) のケースの供給曲線の方が，(b) のケースの供給曲線よりも供給の価格弾力性が大きく，より弾力的であるということになる。

このような価格の変化と供給 (態度) の変化の関係をとらえておくことは需要分析とともに重要なことである。そして，企業の市場における供給態度という戦略的行動の特徴をつかむためにも，この弾力性概念は有効である。

また，図7.4には供給の価格弾力性 $\eta$ が (a) ゼロのケース ($\eta = 0$) と，(b) 無限大 ($\eta = \infty$) のケースの供給曲線が示されている。供給の価格弾力性 $\eta$ がゼロのケースとしてよく取り上げられるのは，宅地のケースである。宅地の場合，物理的に宅地の造成工事などが行われない限り，供給量は一定である。たとえ

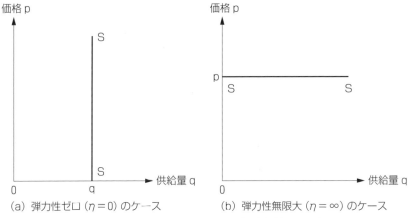

(a) 弾力性ゼロ ($\eta = 0$) のケース　　(b) 弾力性無限大 ($\eta = \infty$) のケース

図7.4　供給曲線の形と供給の価格弾力性 $\eta$ の関係

ば,農地などの税制上の優遇措置や土地への愛着（執着ばかりではない）などがあれば,宅地化はなかなか進みにくいものとなる。こうした場合には,価格が上昇しても土地の供給量は変わらず,供給の価格弾力性 $\eta$ はゼロとなる。

　また,供給の価格弾力性 $\eta$ が無限大のケースとは,ほんのわずかの価格の変化に対しても供給量が大きく変化する場合である。奢侈財もこうした面をもつかもしれないが,投機的な操作のしやすい財などがこれに該当する。投機的な操作のしやすい財とは,上記の奢侈財とは限らず,日常必要な必需財—原材料やエネルギーなどの資源—でも,市場の需給状態（とくに供給不足の状況）や供給システムによっては,こうした性格を帯びてくる。

## ３　均衡価格と均衡取引量

　供給曲線 SS と需要曲線 DD はそれぞれ財やサービスの売手と買手の市場における行動をモデル化したものである。したがって,この２つの曲線を使って,市場での価格と取引量の関係,あるいは決定のあり方を考えることができる。

　ただし,この場合,供給について個々の企業の供給量ではなく,企業全体の供給量の総和を考えなければならないし,また,需要についても個々の消費者

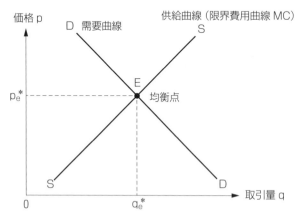

図7.5　市場均衡—均衡価格と均衡取引量

（家計）ではなく，社会全体の需要の総和を考えなければならない．すなわち，社会全体の供給曲線と需要曲線を表しているものでなければならない．

市場での価格と取引量の関係は，供給曲線 SS と需要曲線 DD を同一の平面に描くことでわかる．図 7.5 を参照されたい．ここでは，価格 p を縦軸に，また，取引量 q を横軸にとっているが，右上がりの供給曲線 SS と右下がりの需要曲線 DD が一点で交わっている．この交わっている点 E が均衡点と呼ばれ，このときの価格が**均衡価格** $p_e^*$ であり，また取引量が**均衡取引量** $q_e^*$ である．

このとき，供給曲線が限界費用曲線 MC になっていることも忘れないでほしい．つまり，供給曲線 SS は追加的に 1 単位を市場に供給する場合に必要となる追加的費用を表しており，この費用には「正常な利潤」も含まれている．そして，この追加的費用の中身は生産量の変動にともない変化する可変費用 VC ということになる．

## 4　生産者余剰・消費者余剰

図 7.5 において決定された**均衡価格** $p_e^*$ と**均衡取引量** $q_e^*$ において，企業はどのような利潤 $\pi$ を得ているのであろうか．企業の利潤 $\pi$ は売上（収入）から費用を差し引くことにより得られる．図 7.6 において，供給曲線が SS であるから，企業の売上（収入）は四角形 $0p_e^*Eq_e^*$ であり，また，費用は追加的費用の和である $0FEq_e^*$ なので，結局，売上（収入）から費用を差し引いた部分である $Fp_e^*E$ が利潤 $\pi$ となり，これは**生産者余剰**と呼ばれる．

また，需要曲線は DD であるから，買手である消費者の所与の価格に対して購入したいと考える財の量を示す．つまり，この量は，消費者はその所得制約の中で，その効用を満たし，消費者が支払っても良いと考える価格に対応する量である．

このように考えると，生産者余剰と同様に，図 7.6 において，消費者余剰を考えることができる．

いま，図中の点 G より少しだけ需要曲線 DD に沿って下がった需要曲線

第 7 章　供給行動と余剰 | 145

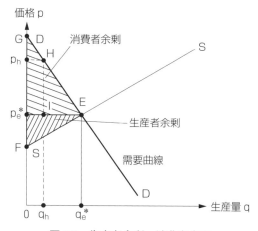

**図 7.6　生産者余剰・消費者余剰**

DD 上の点 H を考えてみよう。需要曲線 DD 上の点 H において，消費者は価格 $p_h$ で量 $q_h$ の財を購入するつもりであったことになる。このとき，消費者は $p_h$GH の分だけ支払い分を節約していることになる。しかし，均衡点 E での取引では，この消費者は価格 $p_e^*$ で量 $q_e^*$ の財を購入したわけであるから，四角形 $0GEq_e^*$ 支払うつもりが，四角形 $0p_e^*Eq_e^*$ ですんだことになる。この四角形 $0GEq_e^*$ と四角形 $0p_e^*Eq_e^*$ の差である三角形 $p_e^*$GE が**消費者余剰**となる。

　もっとも消費者余剰（消費者の効用の余剰）については，必ずしも現実妥当性の確認は容易ではない。しかし，ミクロ経済学では，この消費者余剰が大きくなることを消費者が望ましいと考え，その行動を反映しているものとしてこの消費者余剰を想定するのである。

第8章

# 日本でのものづくりの可能性
―技術効率性と経済効率性

　第6章では企業の生産・供給行動と費用をテーマに，生産関数，費用関数の説明を行った。そこでは，生産における技術的側面と貨幣で測った費用面での結果は必ずしも同じものとはならず，基本的には費用面を重視した経済的判断がなされることも説明した。この関係は，技術効率性と経済効率性とは必ずしも一致しないと表現することが可能である。

　そこで，本章では，技術効率性と経済効率性という概念を用いて，改めて生産方法を捉え直すとともに，その結果を踏まえ，日本でのものづくりの可能性について考えるヒントとする。

## 1　技術効率性と経済効率性

　効率もしくは**効率性**（**efficiency**）とは，仕事の能率，すなわち，機械が有効に働いた結果としての仕事の量とそのために供給した総エネルギー input の比率であり，インプット input に対するアウトプット output の比率である。そして，この効率性には，以下でみるような技術効率性と経済効率性がある。

### 1．技術効率性

　**技術効率性**とは，生産技術のもつ能力・特性から生じる非貨幣的単位をもつ指標として把握できる効率性で後述する2つの特質をもつ。

それは生産量 Y と機械の量 K の関係—資本生産性 Y/K，生産量 Y と労働量 N の関係—労働生産性 Y/N，さらには機械 K と労働量 N—資本装備率 K/N の関係等として把握できる。

また，技術効率性については，次の2点を指摘することが可能である。
① 技術効率性はエンジニアリングに関わる効率性で，技術的に利用可能な資源（モノ）が所与であれば，その範囲内で実現可能な効率性と実現不可能な効率性がある。
② 企業が資源のより生産的な使用なしには，これ以上生産を増加させることができない場合に技術効率性の向上が起こり，それは利用可能な生産技術に依存する。

## 2．経済効率性

**経済効率性**とは，以下の2つの特質をもつ効率性で，コストを指標として把握できる効率性である。生産量 Y と機械の量 K の関係，生産量 Y と労働量 N の関係，さらには機械 K と労働量 N の関係に加え，各生産要素の価格も考慮した費用として貨幣的単位で把握できる。

また，経済効率性については，次の2点を指摘することが可能である。
① 経済効率性は生産要素の価格—企業にとっては費用—に依存する。
② 企業が現状より低いコストで，一定の生産物 a given output をもはや生産できない場合に起こる。

# 2　ケース・スタディによる技術・経済効率性の優劣の検証

## 1．TV の生産

日本の家電メーカーは，TV 生産において，白黒テレビの時代からカラーテレビの時代，そして，デジタルテレビの時代へとテレビ技術が進む中，世界市場において常に主役の位置を保持してきていた。ところが，2000年以降，韓国のサムスンや LG 電子などのプラズマテレビ・液晶テレビ市場への参入が

始まり，その後，競争力も強化したため，日本の家電メーカーは苦境に立たされている。スマートフォンなどの携帯端末の普及もこの苦渋を深くさせている。シャープの苦境については，すでに触れたが，その他，パナソニックあるいはSONY，東芝，三洋電機などいわゆる家電メーカーの立地を含む戦略的思考が試され続けている。TV のみならず多くの家電製品分野での厳しさはアジア市場等の発展を思うと，何故アジア市場の発展と連動できなかったのか，不思議なことでもある。

ここでは，この脅威や苦境そのものに焦点を当てるつもりはなく，むしろ，こうしたテレビメーカーの生産現場に降りて，その生産方法の相違と効率性について考えることにする。ものづくりのあり方の大きなヒントにもなるからである。

また，ここで，用いられる生産方法のパターンはカナダ・アメリカの大学のテキストの中で取り上げられているものである。こうした生産方法のパターン別の把握の特徴を，そのわかりやすさとともに知ってもらいたい。と同時に，そのパターン選択についての問題，不十分性について考えることも忘れないでほしい。それは各国，いや日本のものづくりの歴史を踏まえ，現実への対応を考えるモデル的思考法の一環なのである。

まず，最初に以下の命題を紹介しておこう。


「技術的効率性は経済的には効率的ではないかもしれないが，経済的効率性のあるものは常に技術的に効率的である」


ということである。


さて，TV 生産における 4 つの方法とはどのようなものであろうか。
それは**表8.1**に示す A から D の 4 つである。

第 8 章 日本でのものづくりの可能性 | 149

表 8.1　TV 生産における 4 つの方法

| 方法 Method | 投入要素の質的属性 | |
|---|---|---|
| | 労働 Labor | 資本 Capital |
| A. ロボット生産 Robot production | 1 | 100 |
| B. ライン生産 Production line | 10 | 50 |
| C. ベンチ生産 Bench production | 100 | 50 |
| D. ハンドツール生産 Hand-tool production | 1,000 | 1 |

　A. ロボット生産 Robot production とは，1 人の労働者がコンピュータ制御による全生産過程を監視する生産方法である。表 8.1 に示されているように，労働 N と資本 K の組み合わせとしては，N が 1 単位（人），K が 100 単位（台）となり，資本装備率 K/N が 100 と非常に高く，ほぼ機械による生産といって良い生産方法である。

　また，B. ライン生産 Production line は，作業工が生産ライン上の組立途中の TV セットの完成に向けて，細分化された工程を仕事として受けもつ生産方法である。

　表 8.1 では，この細分化された工程が 10 あり，10 人の労働者が 50 台の機械や道具を用いて生産する方法となっている。コンピュータ制御の全過程を 1 人の労働者が監視する生産方法であるロボット生産の 100 に対し，その資本装備率 K/N は 5 と 1/20 も低くなっており，言わば 1 人 5 台の機械や道具を用いた生産ということになる。いわゆる，1920 年代のフォード型大量生産システムがこの代表的な生産システムとなる（4 節参照）。

　C. ベンチ生産 Bench production は，聞きなれない言葉かもしれないが，作業工が細分化された工程を仕事として受けもち，その役割 task を果たすために作業台 bench から作業台 bench へと移動する生産方法である。JR が国鉄であった時代にホームで地元の名物弁当を販売していた「駅弁売り」は首から弁当を置く台（テーブル）をぶら下げていたが，ベンチとはあのイメージである。

　表 8.1 では，この工程ではライン生産に比べ，より多くの労働者が必要とな

る。それは，特別な使用に応えるため，多くの労働量（作業）が必要となるからである。ライン生産と同じ50台という機械数ながら，その10倍の100人の労働者が生産する方法となっており，特殊な使用に応えるために多くの労働技能が必要となっていることを示している。

ロボット生産やライン生産に比べ，資本装備率K/Nは50/100 = 0.5と低くなっており，労働者の技能を武器に特別な仕様を実現することで，より多くの付加価値を形成することが目的となっていることがわかる。付加価値生産性の高い生産方法である。

最後が，D. ハンドツール生産 Hand-tool productionであるが，1,000人の作業工が1台の機械のもとで，TVを完成するために，作業工具を用いながら人手を中心に生産する方法である。蛇足となるが，英語の「hand」には，職人，作業工という意味がある。また，「hand-to-mouth」には，「その日暮らしの；先行き不安な」という意味もある。

表8.1には投入要素の質的属性とその投入量の数値（架空データ）を記しているが，この表から，A. ロボット生産 Robot productionは資本集約的な生産方法であり，これに対し，D. ハンドツール生産 Hand-tool productionは労働集

表8.2.1　TV生産の4つの方法によるコスト差

|  | ①労働コスト（$100/day） | ②資本コスト（$250/day） | ③総費用(①+②) | ④1台当たりのコスト($)（総費用/10台） |
|---|---|---|---|---|
| a. Robot production |  |  |  |  |
| *b. Production line* |  |  |  |  |
| c. Bench production |  |  |  |  |
| d. Hand-tool production |  |  |  |  |

表8.2.2　TV生産の4つの方法によるコスト差

|  | ①労働コスト（$100/day） | ②資本コスト（$250/day） | ③総費用(①+②) | ④1台当たりのコスト($)（総費用/10台） |
|---|---|---|---|---|
| a. Robot production | $100 | $25,000 | $25,100 | 2510.0 |
| ***b. Production line*** | ***1,000*** | ***12,500*** | ***$13,500*** | ***1350.0*** |
| c. Bench production | 10,000 | 12,500 | $22,500 | 2250.0 |
| d. Hand-tool production | 100,000 | 250 | $100,250 | 10025.0 |

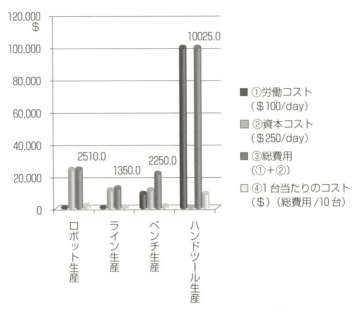

**図8.1　TV生産の4つの方法によるコスト差**

約的な生産方法であることがわかる。また，これら2つの中間に位置するのがB. ライン生産 Production line と C. ベンチ生産 Bench production であるが，B. ライン生産 Production line の方が C. ベンチ生産 Bench production よりも相対的に労働が資本よりも少なくなっている—資本装備率 K/N が低い—のが特徴である。

　それでは，こうした技術的関係を踏まえて，1日当たり10台のTV生産を行うとし，また，労働コストを $100/day，資本コストを $250/day とした場合に，各生産方法における総労働コストと総資本コスト，そして両者を合わせた総費用がどのような数値になるのか，さらには1台当たりのコストがどのような数値になり，これら生産方法間のコストの順位がどうなるのか等について確認してみることにする。

　この場合，4つの生産方法の中で，労働コスト $1,000，資本コスト $12,500，総コスト $13,500 となるライン生産 Production line が1台当たりのコ

ストが $1,350 と最も低く，経済効率性が最も高い生産方法であることがわかる。

## 2. TV 生産の 3 つの方法：高労働コストの場合

それでは，高労働コストの場合はどうであろうか。ここでは，極端なケースとして，労働コストを $400/day，資本コストを $50/day とし，各生産方法における総労働コストと総資本コスト，そして総費用，さらに 1 台当たりのコストを計算してみることにする。

ただし，4 つの生産方法のうち，機械の台数が同じで，労働量の多い C. ベンチ生産 Bench production は対象から外されている。1 日の生産台数が同じであれば，ベンチ生産の 1 台当たりコストがライン生産を上回ることが明らかであるからである。

高労働コストの場合，4 つの生産方法の中で，労働コストが $400，資本コストが $5,000，総コストが $5,400 となるライン生産 Production line の 1 台当たりのコストが $540 と最も低く，経済効率性が高い生産方法であることがわかる。

表 8.3.1　高労働コストの場合のコスト差

|  | ①労働コスト ($400/day) | ②資本コスト ($50/day) | ③総費用(①+②) | ④1 台当たりのコスト($) (総費用/10 台) |
|---|---|---|---|---|
| a. Robot production |  |  |  |  |
| b. Production line |  |  |  |  |
| d. Hand-tool production |  |  |  |  |

表 8.3.2　高労働コストの場合のコスト差

|  | ①労働コスト ($400/day) | ②資本コスト ($50/day) | ③総費用(①+②) | ④1 台当たりのコスト($) (総費用/10 台) |
|---|---|---|---|---|
| *a. Robot production* | *$400* | *$5,000* | *$5,400* | *540.0* |
| b. Production line | 4,000 | 2,500 | $6,500 | 650.0 |
| d. Hand-tool production | 400,000 | 50 | $400,050 | 40005.0 |

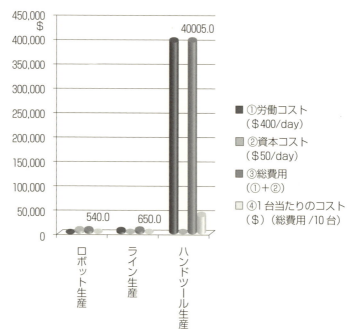

図8.2 TV生産の3つの方法によるコスト差（高労働コストの場合）

## 3．TV生産の3つの方法：高資本コストの場合

　それでは，高資本コストの場合はどうであろうか。ここでは，極端なケースとして，労働コストを $30/day，資本コストを $1,000/day とした場合に，各生産方法における総労働コストと総資本コスト，そして総費用，さらに1台当たりのコストを計算してみることにする。

　ただし，この場合も，高労働コストの場合と同様に，4つの生産方法のうち，機械の台数が同じで，労働量の多い C．ベンチ生産 Bench production は除外されている。生産台数が同じであれば，ベンチ生産の1台当たりコストがライン生産を上回ることが明らかであるからである。

　高資本コストの場合，4つの生産方法の中で，労働コストが $30,000，資本コストが $1,000，総コストが $31,000 となるハンドツール生産 Hand-tool production の1台当たりのコストが $3,100 と最も低く，経済効率性が最も高

表 8.4.1　高資本コストの場合のコスト差

|  | ①労働コスト ($30day) | ②資本コスト ($1,000/day) | ③総費用(①+②) | ④1台当たりのコスト($) (総費用/10台) |
|---|---|---|---|---|
| a. Robot production |  |  |  |  |
| b. Production line |  |  |  |  |
| d. Hand-tool production |  |  |  |  |

表 8.4.2　高資本コストの場合のコスト差

|  | ①労働コスト ($30day) | ②資本コスト ($1,000/day) | ③総費用(①+②) | ④1台当たりのコスト($) (総費用/10台) |
|---|---|---|---|---|
| a. Robot production | $30 | $100,000 | $100,030 | 10003.0 |
| b. Production line | 300 | 50,000 | $50,300 | 5030.0 |
| *d. Hand-tool production* | *30,000* | *1,000* | *$31,000* | *3100.0* |

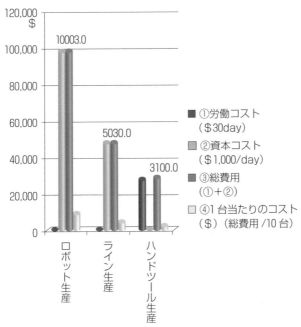

図 8.3　TV 生産の3つの方法によるコスト差（高資本コストの場合）

い生産方法であることがわかる。

　以上見てきたように，技術的効率性という点で相違をもつ，4つの生産方法を前提にしながらも，高労働コスト，高資本コストといった前提条件（ケース）の違いにより，それぞれの場合に，経済性が異なり，経済効率性が最も高いという意味で，最適な生産方法がそのつど異なっていることがわかった。

　最初に紹介した「命題」，すなわち，「技術的効率性は経済的には効率的ではないかも知れないが，経済的効率性のあるものは常に技術的に効率的である」という命題は，経済効率性を重視する中で，それに規定される形で，技術が選択されるということを示している[1]。

　ただし，4つの生産方法のうち，機械の台数が同じで，労働量の多いC. ベンチ生産 Bench production が除外されていたことを思い起こす必要がある。このことを項を改めて考えてみよう。

## 3　日本でのものづくりの可能性とその生産方法

　この間，海外生産におけるさまざまな障害やリスクを背景に，日本でのものづくり回帰が語られてきている。従来，人件費の安い国へとその工場を移してきた日本企業の中に，その他のリスク要因も踏まえ，国内へその工場を回帰させる動きが見られてきているのである。

　その動きには製品コストに占める人件費の割合も関係している。もし，全体

---

[1] この文脈で原子力発電所の再稼働を考えてみることは重要である。労働コストや資本コストだけではなく，社会資本や災害発生時の復旧費用なども織り込むことで，真に経済効率的で，かつ，経済合理的な判断を下すことが可能になり，合理的な技術の選択が可能になるのである。安全とは，技術ももちろんであるが，経済的に考えても被害の原状回復にかかる費用が計算され，実行可能な額として織り込んでおくべきものである。原状回復できない甚大な額の被害をもたらすハード・ソフトシステムは「安全」とはいわないのである。

のコストに占める人件費の割合が低ければ，日本の人件費が高くても，その他の能率の向上やコストの削減で，総費用を他国と同等にすることも可能になるからである。

そして，これを可能にするのが，ベンチ生産 Bench production，さらには，セル生産方式などのものづくりの手法である。ベンチ生産は，1日当たりの生産台数が同じであれば，ライン生産より高い人件費が生じるためコスト削減の計算において，アメリカ・カナダの大学生に対する説明では，当然のごとく排除される生産方法ではあるが，それは，ベンチ生産のメリットを見落とすものである。ベンチ生産は，経済合理性をもつのである。ものづくりの工夫如何では，国内生産の経済的合理性を根拠づける生産方法となりうるのである。

そこで，前項での計算では除外されていたベンチ生産 Bench production を材料に，数値例により，その可能性について検討してみよう。

ベンチ生産 Bench production が，除外されていたのは，4つの生産方法による1日のテレビ生産台数が10台と同一で，かつ資本量が50と同一な場合，労働投入量がライン生産の10に対し，10倍の100となっているベンチ生産 Bench production では，この10倍という労働コストの大きさが総コストの差としてそのまま大きく表れてくるからである。賃金が高くなるベンチ生産は，1日当たりの生産台数が同じである限り，常にライン生産を上回る賃金コストそして総コストとなってしまうので，始めから比較の対象外となってしまうのである。

そこで，前提となっている1日当たりの生産台数を変えてみた場合を考えてみよう。

ベンチ生産 Bench production による生産台数が10台からその2倍の20台に増加するケースを考えてみよう。その結果は表8.5並びに図8.4に示されている。

表8.5と表8.2.2 (p.151) における右端5列目の数値から，1台当たりの生産コストは，表8.6のように整理でき，労働生産性 Y/N の倍増によるベンチ生産のコスト減少額は▲1,125ドルとなり，表8.2.2のケースで，一番コストの

表8.5　TV生産の4つの方法によるコスト差（ベンチ生産の生産性向上　20台/dayのケース）

|  | ①労働コスト ($100/day) | ②資本コスト ($250/day) | ③総費用(①+②) | ④1台当たりのコスト($)（ベンチ生産のみ総費用/20台，その他は総費用/10台） |
|---|---|---|---|---|
| a. Robot production | $100 | $25,000 | $25,100 | 2510.0 |
| b. Production line | 1,000 | 12,500 | $13,500 | 1350.0 |
| c. Bench production | 10,000 | 12,500 | $22,500 | 1125.0 |
| d. Hand-tool production | 100,000 | 250 | $100,250 | 10025.0 |

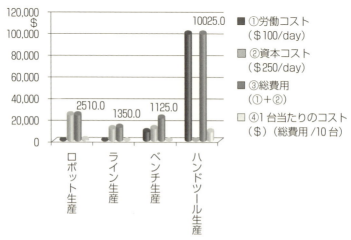

図8.4　TV生産の4つの方法によるコスト差

表8.6　1台当たりのコスト差比較

|  | 1台当りのコスト（$） | | 差 |
|---|---|---|---|
|  | A. 表8.2.2 | B. 表8.5 | A−B |
| a. ロボット生産 Robot production | 2,510.0 | 2,510.0 | 0.0 |
| b. ライン生産 Production line | 1,350.0 | 1,350.0 | 0.0 |
| c. ベンチ生産 Bench production | 2,250.0 | 1,125.0 | 1,125.0 |
| d. ハンドツール生産 Hand-tool production | 10,025.0 | 10,025.0 | 0.0 |

低かったライン生産 Production line の 1,350.0 を 225.0 ドル下回り，最も 1 台当たりの生産コストの低い生産方法となっている。

このことは何を意味するのであろうか？

ライン生産に比べ，労働投入量の多いベンチ生産 Bench production でも，4 つの生産方法の中で生産コストが最も低くなる可能性があり，それは労働生産性 Y/N を上昇させ，付加価値を増大させることで可能になるのである。

日本でのものづくりの可能性を考える場合，ここで取り扱ったテレビ生産の 4 つの方法，これらに基づく生産コストの数値例の結果は，示唆するものが非常に大きいのである。

## 4　ものづくりの可能性をみる視点―フォードシステムとコンベアライン

生産技術の変化がどのように費用構造や費用水準に影響を与えるのかを代表的な商品である自動車を例に考えてみよう。

大量生産方式は 1910 年代にアメリカフォード車のフォード生産システムにより確立したといわれている。機械部品の規格化とコンベアによる移動組立法を結合し，飛躍的な生産能率の向上と原価の引き下げを実現した。コンベア（搬送帯）は物を連続的に一定の距離だけ運搬する自動装置で，ベルトコンベアやチェーンコンベアなどの種類がある。

フォードの場合，上記の機械部品の規格化やコンベアによる移動組み立てという特徴のほか，製品の標準化（T 型フォードの 1 車種のみ）や移動組み立てに対応する製造工程の細分化を行い，流れ作業化を実現した点が特徴である。製造工程の細分化・ベルトコンベア方式による移動組み立ては，熟練工の必要性をなくし，人件費削減につながった。

しかしながら，大量生産システムの確立には，その生産に対応する大量の需要―購買力のある有効需要―の誕生が不可欠となる。この生産と需要の両面を合わせてみておくことが肝要となる。

五十嵐平達はフォードの成功にはこの需要面の革新があったこと，T 型フォ

ードを生み出すことで，高級車市場ではなく必需財市場を創り上げたことを指摘する[2]。広大な面積をもつアメリカの移動手段として自動車は文字通り「一家に1台」から「一家に2台」，さらには「一人1台」というように，必需財市場を広げていったのである。自動車のための社会的共通資本も整備された。クリントン政権下のゴア副大統領の父，シニア・ゴアによるアメリカのフリーウェイ（ハイウェイ）構想も具体化され，自動車を走らせるインフラも整備されていった。

　また，必需財である大衆車を使用し，その後，高級仕様の車を2台めとして求める消費者も現れ，異なるコンセプトの車を開発，提供するGMやシヴォレーというライバルも生み出した。

　モデルTと生産技術の革新というテーマでは，量産のための生産性の合理化，あるいは生産性の向上が行われたが，忘れてはいけないことのひとつに素材面での鉄（鋼）の質の向上がある。

　鉄の先進国イギリスの開発による鉄鋼関係の技術がアメリカに導入され，スチールの3倍の高張力ながら，ハイスピード切削加工が可能なバナジウム鋼という「新素材」もフォードの革新を担った。ギアの革新もまた生産性を向上させた。

　まったく新しい合理化，合理的生産方法による「新車設計」ができ，T型フォードにはさまざまな「革新」が体化されたといえよう。流れ作業を可能にするためには，部品を移動させるのか，それとも部品を移動させずに組立車の方を移送させるのかという異なる方式が考えられるが，後者の考えのもと導入されていたロープで引っ張る方式からはコンベア・ラインの導入という革新が生まれたのである[3]。

　コンベア・ラインで有名なハイランド・パークのモデルT専用工場が動き

---

2) モデルTすなわちT型フォードについては，内外を問わず，さまざまな本が書かれているが，ここでは，五十嵐平達編著の『世界の自動車　44　フォード1』（二玄社，1971年）に基づき，紹介を行う。

　また，Abernathy, Clark and Kantrow, *Industrial Renaissance*, 1983 も参照されたい。

出したのは，1910年からと記録されている。大量生産を特徴とするフォードシステムは多品種少量，いや多品種微量といわれる生産方式にその地位をおびやかされてきている。自動車に対するニーズも変化してきている一方，他方では付加価値のある製品も求められてきている。日本でのものづくりの可能性を追求し，着想，実現に向けて経済的合理性を生み出すのが，私たちの課題の一つである。

3) 部品を移動させずに組立車の方をロープで引っ張る方式による流れ作業の採用は「現場の管理者が苦しまぎれに発案したものであって，ヘンリーがカン詰め工場でヒントを得たという話は，後年の伝記作家の創作であるとソレンセンは書いているし，生前のヘンリーも，ソレンセンの評価でそれを否定してはいなかった。」(五十嵐 1971：30)
　この原則的アイデアはポイントではなく，コンベア・ラインの導入がポイントである。これに大きく貢献した J. B. WEBB 社（現在，日本企業㈱ダイフクのグループ会社）の存在を忘れてはならない。

## 練習問題 解答

1. (p.114)

Some Real-World Price Elasticities of Demand (現実の需要に対する弾力性)

| Goods or Services | Elasticity | Goods or Services | Elasticity |
|---|---|---|---|
| **Elastic Demand (弾力的需要)** | | **Inelastic Demand** | |
| Metals | 1.52 | Oil | 0.91 |
| Electrical engineering products | 1.39 | Chemicals | 0.89 |
| Mechanical engineering products | 1.30 | Beveriges (all types) | 0.78 |
| Furniture | 1.26 | Clothing | 0.64 |
| Motor vehicles | 1.14 | Tobacco | 0.61 |
| Instrument engineering products | 1.10 | Banking and insurance services | 0.56 |
| Professional services | 1.09 | Housing services | 0.55 |
| Transportation services | 1.03 | Agricultural and fish products | 0.42 |
| **Inelastic Demand(非弾力的需要)** | | Books, magazines, and newspapers | 0.34 |
| Gas, electricity, and water | 0.92 | Food | 0.12 |

1989年 U.S.A.

2. (p.138)

**例題 1**

| Q 生産量 | TR 総収入 | FC 固定費用 | VC 可変費用 | TC 総費用 | π利益 (=TR−TC) | AC 平均費用 | MC 限界費用 | AFC 平均固定費用 | AVC 平均可変費用 | MR 限界利益 |
|---|---|---|---|---|---|---|---|---|---|---|
| 0 | 0 | 30 | 0 | 30 | −30 | — | 30.0 | — | — | 70.0 |
| 1 | 100 | 30 | 30 | 60 | 40 | 60.0 | 30.0 | 30.0 | 30.0 | 70.0 |
| 2 | 200 | 30 | 60 | 90 | 110 | 45.0 | 30.0 | 15.0 | 30.0 | 70.0 |
| 3 | 300 | 30 | 90 | 120 | 180 | 40.0 | 30.0 | 10.0 | 30.0 | 70.0 |
| 4 | 400 | 30 | 120 | 150 | 250 | 37.5 | 30.0 | 7.5 | 30.0 | 70.0 |
| 5 | 500 | 30 | 150 | 180 | 320 | 36.0 | 30.0 | 6.0 | 30.0 | 70.0 |
| 6 | 600 | 30 | 180 | 210 | 390 | 35.0 | 30.0 | 5.0 | 30.0 | 70.0 |
| 7 | 700 | 30 | 210 | 240 | 460 | 34.3 | 30.0 | 4.3 | 30.0 | 70.0 |
| 8 | 800 | 30 | 240 | 270 | 530 | 33.8 | 30.0 | 3.8 | 30.0 | 70.0 |
| 9 | 900 | 30 | 270 | 300 | 600 | 33.3 | 30.0 | 3.3 | 30.0 | 70.0 |
| 10 | 1000 | 30 | 300 | 330 | 670 | 33.0 | 30.0 | 3.0 | 30.0 | 70.0 |
| 11 | 1100 | 30 | 330 | 360 | 740 | 32.7 | — | 2.7 | 30.0 | — |

**例題 2**

| Q 生産量 | TR 総収入 | FC 固定費用 | VC 可変費用 | TC 総費用 | π利益 (=TR−TC) | AC 平均費用 | MC 限界費用 | AFC 平均固定費用 | AVC 平均可変費用 | MR 限界利益 |
|---|---|---|---|---|---|---|---|---|---|---|
| 100 | 4500 | 1300 | 2500 | 3800 | 700 | — | 25.0 | — | — | 20.0 |
| 101 | 4545 | 1300 | 2525 | 3825 | 720 | 37.9 | 25.0 | 12.9 | 25.0 | 20.0 |
| 102 | 4590 | 1300 | 2550 | 3850 | 740 | 37.7 | 25.0 | 12.7 | 25.0 | 20.0 |
| 103 | 4635 | 1300 | 2575 | 3875 | 760 | 37.6 | 25.0 | 12.6 | 25.0 | 20.0 |
| 104 | 4680 | 1300 | 2600 | 3900 | 780 | 37.5 | 25.0 | 12.5 | 25.0 | 20.0 |
| 105 | 4725 | 1300 | 2625 | 3925 | 800 | 37.4 | 25.0 | 12.4 | 25.0 | 20.0 |
| 106 | 4770 | 1300 | 2650 | 3950 | 820 | 37.3 | 25.0 | 12.3 | 25.0 | 20.0 |
| 107 | 4815 | 1300 | 2675 | 3975 | 840 | 37.1 | 25.0 | 12.1 | 25.0 | 20.0 |
| 108 | 4860 | 1300 | 2700 | 4000 | 860 | 37.0 | 25.0 | 12.0 | 25.0 | 20.0 |
| 109 | 4905 | 1300 | 2725 | 4025 | 880 | 36.9 | 25.0 | 11.9 | 25.0 | 20.0 |
| 110 | 4950 | 1300 | 2750 | 4050 | 900 | 36.8 | 25.0 | 11.8 | 25.0 | 20.0 |
| 111 | 4995 | 1300 | 2775 | 4075 | 920 | 36.7 | — | 11.7 | 25.0 | — |

## あとがき
── 経済学とビジネス・エコノミクス ──

　人間は多様性と可能性をもった存在である。そして，人間の活動の多様性はその生存の継承が前提となっている。人間がその生存のために財あるいは富の獲得を目指す行為が，社会的活動や文化的活動とは区別された経済活動として把握され，また，生存のための財を生産・消費する活動であるがゆえに，社会的活動や文化的活動の基礎をなすものと考えられてきた。経済活動は国家の安定のために不可欠のものであり，それゆえ，財の生産や分配，消費，再利用・廃棄といった経済活動の諸過程に国家が介入することになってきたのである。国内の独占状態に対し自由競争というルールを作ったり，経済活動の結果として循環的に生じる恐慌に対する政策を講じたり，外国との自由な貿易に対し，国内産業の保護政策をとったり，逆に貿易自由化に関する協定や条約を結ぶといった構造的な問題の解決に取り組み，政策を講じるのは，国家の存在意義とも直結する重要なことであった。こうした，競争政策や産業政策は，各国固有の形式や内容で，国家の役割として依然として生きている。
　こうした中でも，資源の問題は大きな意味をもってきている。有限な資源としての石油に代わる代替エネルギーは，地球環境や私たちの生命の持続性を踏まえたものである，これに対し，原子力発電は福島原発の処理の進行を見ても，技術的にも制御されているとはいえず，また，事故からの復旧，地域の原状回復という点でも，はかり知れないコストが想定され，コストとしても最も安い電力生産のエネルギーとはいえない。事故前の目先の電気料金の安さはこうした社会的コストを織り込んでいないからこそ実現できていたのである。私たちは，コントロールできない無責任な選択を行うべきではない。それが将来世代へ「最大の負の遺産」を残さない，「最小限の責任」というものであろう。
　本書では，資源について新たに1章を起こして記述したが，資源についての理解が私たちの自然観や人間観，社会観に深く結びついていると考えたからである。

さて，現在，世界の多くの国が資本主義国として経済活動を行っているが，この日本という国も資本主義国である。明治維新以降の時代は，殖産興業と富国強兵が国家目的となったが，それは治外法権と関税自主権の回復という2つの大きな命題を解決するための手段でもあった。この治外法権と関税自主権は独立国家としての要件であり，その回復のために明治政府は，強力な欧化政策，また産業政策を押し進めたのである。この政策推進の結果として，1911年（明治44年）の関税自主権の回復の意義は大きく，明治政府の「悲願の達成」でもあった。晴れて獲得した「独立国」としての状態は1945年まで34年あまり継続した。しかしながら，この間の第一次世界大戦，朝鮮併合，日中戦争，第二次世界大戦という歴史は，「独立国家」としての大きな政治的目標が対外進出であったこと，そして，少なくとも国民の豊かさの実現が目標とはなっていなかったことをも示している。

　1945年9月2日の敗戦（通常，同年8月15日が終戦記念日とされているようであるが，世界史レベルではポツダム宣言を受諾した9月2日が終戦記念日とされている）以降，アメリカを中心とする占領軍により支配を受けたわが国は，現在もアメリカの同盟国という形でいささか主体性の化粧を施してはいるが，外交政策に端的に示されるように，国家レベルの政策を見る限り必ずしも独立国とはいえない状態が残っている。

　第二次世界大戦が終了し，朝鮮戦争（1950-51年）を経て，1955年から始まった「高度経済成長」は物的豊かさをもたらした反面，水俣病をはじめとする公害問題を引き起こすなど，企業活動の問題性とそれを可能にした「経済優先」の考え方に反省をもたらした。

　1970年以降は，物的な豊かさに加え，精神的な豊かさが強調され，また，石油をはじめとする資源の有限性の認識と地球というかけがえのない財産をどのように守っていくのかという問題が提起されたのであった。

　そして，ベルリンの壁が崩壊し，ソビエト社会主義共和国連邦が解体した後は，資本主義の多くのパターンが確認され，また，新しく生まれてきている。「市場機構」「市場主義」あるいは「自由主義」などについて本格的に研究され

る時代がようやく到来したことになる。

　こうした状況の中で，経済学も他の社会科学分野に対し，相対化されつつある。かつての「社会科学の女王」という面影は失せつつあることは，ある意味では望ましいことである。経済学的人間観，それに基づく行動モデル等が生み出す理論的結論（推論結果）は，人間を総合的にとらえきれるものではないし，社会についても総合的にとらえきれるものではないからである。

　それでも，"「経済学」とは何か？"という問いに対しては，私は，迷うことなく，「**経済学は人間を，社会をどのように把握し，また人間の生存と可能性を引き出すために機能する仕組みを考える学問である**」と答えることにする。それは，ミクロ経済学を通して考えること，また，現代資本主義社会における企業家の役割とその決定権，その責任を正確につかみ取ることにも通底することである。

　ミクロ経済学を通じて人間・企業をモデル化して，その目的にそった行動を分析し，その目的の実現条件や結果を予測する。その際，常に疑問をもち，自ら考え，自分の考えを文章化し，他者に伝え，また，自らの考えを明確にし，必要に応じて修正する訓練を行うこと，そして，「やり過ごさないこと，考え続けること」（パブロフ『茶色の朝』2003年），これがおよそ「学び」すなわち，ビジネス・エコノミクスを学ぶ姿勢にも通ずるものである。

　最後に，日本画家故小泉淳作氏の下記の文章を紹介し，結びとしたい。

「分かり切ったことが，なかなかできないのである」

「「見る」と「観る」とは違うという。一輪の花を見つめる時，その創造性に驚き，神秘さに，ひれ伏す思いでなければならない……そのにおいに酔い，造形の不思議さを思いつつ，…作者は手を動かして行かねばならない。そして，目を細め，強く再現を願う心を，それを「観る」というべきであろうか……その分かり切ったことが，なかなかできないのである。」（小泉淳作『アトリエからの眺め』築地書館，1988年，p.119）。

## 謝　辞

　経営学部の「近代経済学」は伊東光晴先生が当初担当され，その後，長尾史郎先生，私・藤江，そして現在は三上真寛先生が担当者に加わった。その内容は，経営学を学ぶ学生にとり必要な内容は何かという問いかけの中で少しずつ変化してきている。その変化は，筆者の1992年以降の勤務先である明治大学経営学部の「近代経済学」の受講生そして藤江ゼミナールの活動における企業経営者や学生との対話と討論の中で生まれてきたものである。ゼミナールでは地域中核企業，中堅企業を訪問し，多くの経営者から会社の沿革，経営理念，強み，こだわり，弱さについて語っていただいた。経営者視点の経済学こそビジネス・エコノミクスという地平に対応するものである。

　学恩についても触れておきたい。

　現在もユビキタス時代の統計情報学のフロンティアを走り続け，かつ中山道69次やお遍路さんなどの街道歩きや，ピアノそして合唱等，何事にも限界を設けず挑戦し続け，充実した人生を切り拓いておられる京都大学時代からの恩師野沢正徳先生，学問の厳しさと学者・研究者のあるべき姿をその生き様として示された神戸大学の故置塩信雄先生，「財政学」から「文化経済学」へと新しい領域を切り拓き，その著書・行動において経済学の幅広さと深さを常に示してくださっている池上惇先生，現在も堅実な研究と豊かな教育の実現に取り組まれている中谷武先生（尾道市立大学学長），その交流を通じて学問の深さと豊かさを教えて頂いた岩手大学，東京農工大学，明治大学の多くの先輩・同僚の先生方に改めて感謝の気持ちを表する次第である。

　また，遅筆な筆者をいつも激励して下さり，つねに助言を惜しまない学文社落合絵理さんに感謝する次第である。

　家族そして地域の方々への感謝と平和への願いをこめて。


2016年皐月　旧浦和にて

藤江　昌嗣

# 索 引

## あ行

新しい産業国家　68
アーヘンモデル　7
アントレプレナー　16, 17
アントレプレナーシップ　2, 17
池上惇　66
伊藤元重　59, 63
植田和弘　6
ヴェブレン，T.　69
宇沢弘文　9, 71
内橋克人　78
営業の自由　65
MOS　73
エンゲル曲線　100, 106
エンゲル係数　100
置塩信雄　85
小田切徳美　79

## か行

外生変数（exogenous variable）　46
外部経済　62
外部市場　21
外部不経済　62
価格・供給量の規定要因　139
価格消費曲線　106
下級財　101
寡占　67
カネボウ　38
可変費用（Variable costs）　122, 124
カリスマ型リーダーモデル　79
ガルブレイス，J. K.　46, 68
完全競争　62
完全情報の仮定　54
簡単化のための仮定　44
企業家資質　2, 17
技術効率性　147
基準弾力性　97
基礎的効用（Cardinal utility, CU）　87
期待利潤　48

ギッフェン財　110
規範的研究（Normative research）　45, 46
供給曲線　140
供給の価格弾力性（Price elasticity of supply）　95, 142
均衡価格　145
均衡取引量　145
graphic illustrations　43
経済効率性　148
Ceteris paribus　46
限界可変費用　128
限界効用（Marginal utility）　87
限界固定費用　128
限界収入（Marginal revenue, MR）　98, 134
限界代替率（Marginal rate of substitution, MRS）　90, 91
限界代替率逓減の法則　91
限界費用（Marginal costs）　127, 130, 134
〈現実〉の生産過程　115
公共財　62
公共政策　20, 24
高資本コスト　154
公正取引委員会　34
公的財政　66
効用（utility）　82, 87
効用最大化（Utility maximization）　82, 88, 89
効率性（efficiency）　147
効率的市場（the efficient market）　53
合理的行動仮説　70
高労働コスト　153
黒死病　103
コッカ，J.　56
固定費用　122, 123
後藤田正晴　16
ゴードン，A.　112

## さ行

再生支援事業者一覧　37
砂糖　102, 113
産業再生機構　37
産業組織　1
参入の条件　26
資源 (resources of production)　1
　──のストック　11
資源配分　61
資源配分機能　21
資源論　18
市場 (Markets)　19
　──の独占度 (集中度)　26
市場化コスト　58
市場規模 (Market scale)　92
市場構造　20, 25
市場行動　29
市場成果　20, 31
実証的研究 (Positive research)　45, 46
私的財政　66
私的資本　10, 11
資本集約的　118
　──ケース　119
　──生産方法　51
シャープ　39
社会的共通資本　10-12
ジャガイモ　102
奢侈財　101
自由競争　65
重商主義　65
需要の価格弾力性 (Price elasticity of demand)　95, 96
需要の所得弾力性 (Income elasticity of demand)　95, 100
純生産可能条件　64
シュンペーター, J. A.　56
上級財　101
消費者の誕生　111
消費者余剰　146
情報　2
序数の効用 (Ordinal utility, OU)　87
所得効果 (Income effect)　106, 108
所得消費曲線　105
所得の制約 (income constraint)　82
シンガー (Singer Corporation)　112
人権　66
神野直彦　9, 73, 74
垂直的統合　27
鈴木良介　13
スパゲッティ症候群　43
スモールデータ　16
スルツキー分解　106
生産関数 (Production function)　116, 117
生産期間　121
生産者余剰　145
生産年齢人口 (15〜64歳)　78
生産物の特性　26
生産要素 (factors of production)　1, 11
　──の可塑性　70, 71
生産要素市場　21
正常財　101
正常利潤　48
セル生産方式　157
セン, A.　47
前期独占　65
潜在需要 (Potential demand)　92
選択理論　85
総売上　97
操業停止点 (Shut-down point, SDP)　131, 133
総収入 (Total revenue, TR)　97, 129
総費用 (Total cost, TC)　125
即時活動の仮定　54
組織能力　52
損益分岐点 (Break-even point, BEP)　129, 131, 133

## た行

退出の条件　26
代替効果 (Substitution effect)　106-108
代替財　110
竹内啓　13, 14
舘暲　9
タラ　113
短期 (short term)　122
短期的決定　49

弾力性（elasticity） 95
地方消滅 76
地方創生 76
中間生産物 24
長期（long term） 122
長期的決定 49
長期の費用曲線 136
長期費用 135
辻嘉一 94
テクノ・グローカリゼーション 28
独占 67
独占禁止法（Anti trust law） 25, 68
取引費用（Transaction cost） 50, 55

## な行

内生変数（endogenous variable） 46
内部市場 21
西川潤 3, 4
ニシン 113
日本標準産業分類 23
能力構築競争 51

## は行

ハッカ 113
パレート効率 61
パレート最適 62
反証可能性 45
バーンスタイン，W. 113
半製品 24
ハンドツール生産 151
ビッグデータ 13, 15, 17
費用関数（Cost function） 120
不安定性 72
藤本隆宏 51
不変費用（Fixes costs） 122
プライス・テーカー 62
フルコスト原理 52
文化資源 9
分権化された経済 20
分散度（多角化） 27
平均費用 130
ベストミックス（論） 6-8
ペスト菌 103

ベンチ生産 150, 157
変動費用 122
封建制度 65
包絡線（envelope） 137
補完財 110
誇りの空洞化 79
ボトルネック 4, 5
鴻海（ホンハイ） 39

## ま行

埋没費用（Sunk costs） 122
マークアップ方式 52
マーケティング・ミックス政策 30
マーシャル，A. 1
増田寛也 76, 77
マルクス，K. 19
無コストの仮定 54
無差別曲線（Indifference curves, IC） 87, 88
無名数 95

## や行

柳田博明 44
有効需要（Effective demand） 92
要求利潤 140
要求利潤率 52
予算制約（Budget constraint） 88, 104
予算制約式 104
吉田敏浩 9

## ら行

ライン生産 150
利潤（profit） 130
利潤最大化仮定 133
リーダー群モデル 79
劣等財 101
労働集約的 118
　　──ケース 119
　　──生産方法 51
ロビンズ，L. C. 3, 20
ロビンソン・クルーソー 85
ロボット生産 150

著者紹介

藤江　昌嗣（ふじえ　まさつぐ）

明治大学マネジメント・オブ・サスティナビリティ研究所所長，経営学部教授
経済学博士
1954年　釧路市生，帯広市を経て，浦和市に転居
1978年3月　京都大学経済学部卒業，日本鋼管株式会社，神戸大学大学院を経て
1984年4月　岩手大学人文社会科学部専任講師
1987年4月　東京農工大学農学部助教授
1992年4月　明治大学経営学部助教授，1993年4月　同大学教授，現在に至る。
1994年3月　京都大学博士（経済学）
2000年～2002年ポートランド州立大学客員教授
〈専攻〉統計学，経済学，移転価格税制，パフォーマンス・メジャーメント論
〈主要著書〉
『ビッグデータ時代の統計学入門―データサイエンスを支える統計の基本』学文社，2021年（単著）
『アジアからみた新地政学的マクロ経済学―IMF・GATT体制を超えて』学文社，2017年（単著）
『新ビジネス・スタティスティクス』冨山房インターナショナル，2016年（単著）
『アジアからの戦略的思考と新地政学』芙蓉書房，2015年（共著）
『移転価格税制と地方税還付』中央経済社，1993年（単著）
マイケル スミス著『プログラム評価入門』梓出版社，2009年（共訳）　他

---

新 ビジネス・エコノミクス

2016年5月30日　第一版第一刷発行
2021年3月30日　第一版第三刷発行

著　者　藤江　昌嗣

発行者　田中　千津子

発行所　株式会社 学文社

〒153-0064　東京都目黒区下目黒3-6-1
電話　03（3715）1501（代）
FAX　03（3715）2012
http://www.gakubunsha.com

©Masatsugu FUJIE 2016　　Printed in Japan　印刷　新灯印刷
乱丁・落丁の場合は本社でお取替えします。
定価は売上カード，カバーに表示。

ISBN 978-4-7620-2647-8